Zu diesem Buch

Mit der Sprache erfassen Kinder die Welt. Sie tun es auf eigentümliche Weise. Kinder lieben kühne Vergleiche und ungewöhnliche Verbindungen, seltsam klingende Worte, Kraftausdrücke, unsinnige Reime, Wortverwechslungen und Verwirrgeschichten. Ihr Spiel mit der Sprache liegt den Sprachspielen zugrunde. Sie sind zum Vorlesen, aber nicht nur zum Zuhören. Denn Sprache entfaltet sich durch Sprechen. Kommentare zu den Texten erläutern deshalb neben der didaktischen Absicht die Mitmachmöglichkeiten der Kinder: nachsprechen, ergänzen, nein sagen, fragen und antworten, schimpfen, Rollen tauschen, Rätsel lösen, Gespräche führen. Dieser lustbetonte Umgang mit Sprache fördert die Willensbildung, trägt zur psychischen Entlastung bei und erleichtert das Lernen begrifflicher Bedeutungen, sprachlicher Zusammenhänge und realer Bezüge. Die Sprachspiele schaffen so die Vorbedingungen für selbständige Sacherfahrung und schulisches Lernen.

Professor Dr. Kurt Werner Peukert lehrt an der Pädagogischen Hochschule in Reutlingen. Probleme der Kindersprache und Sprachdidaktik bilden den Schwerpunkt seiner Lehr- und Forschungstätigkeit.

Kurt Werner Peukert

Sprachspiele für Kinder

Programm zur Sprachförderung in Vorschule,
Kindergarten, Grundschule und Elternhaus

Rowohlt

Graphische Gestaltung Wilfried Blecher
Umschlagentwurf Manfred Waller
(Zeichnungen Wilfried Blecher)

40.–42. Tausend Oktober 1988

Veröffentlicht im Rowohlt Taschenbuch Verlag GmbH,
Reinbek bei Hamburg, Juli 1975
Copyright © 1973 by Deutsche Verlags-Anstalt GmbH, Stuttgart
Satz Times (Linotron 505 C)
Gesamtherstellung Clausen & Bosse, Leck
Printed in Germany
880-ISBN 3 499 16919 3

Walter Benjamin:

Zumal bei Kindern fördert dieses Spiel die schönsten Funde. Ihnen nämlich sind Wörter noch wie Höhlen, zwischen denen sie seltsame Verbindungswege kennen.

Jerome S. Bruner:

Es erfordert keine komplizierte Untersuchung, um herauszufinden, daß man ein fünfjähriges Kind nicht vor eine jede «Sache» führen muß, wenn es deren Wort lernen soll. Seine Frage «Was ist das?» richtet sich immer häufiger auf ungewöhnliche Wörter, die in seiner Umwelt gebraucht werden, und auf ungewöhnliche Bedeutungen von vertrauten Wörtern.

Einführung

Vom richtigen Gebrauch der Sprachspiele

Dieses Buch ist kein Lehrbuch, sondern ein Vorlesebuch. Es dient der Sprachentwicklung bei Kindern im Alter von 4 bis 8 Jahren. Der erste Teil bietet Texte für Kinder im Alter von 4 und 5 Jahren, der zweite Teil ist für Kinder vom beginnenden 6. Lebensjahr an bestimmt. Da die individuellen Unterschiede bei Kindern in diesen beiden Altersgruppen sehr groß sind, lassen sich die leichteren Texte des ersten Teils auch noch später verwenden, und gelegentlich kann auch ein Text aus dem zweiten Teil schon vor dem 6. Lebensjahr gelesen werden. Die in Kursivschrift manchen Texten beigegebenen Kommentare sind für die Eltern und Vorleser bestimmt. Sie geben Hinweise auf den pädagogischen Sinn einzelner Sprachspiele oder Übungen und zeigen, wie man mit ihnen umgehen kann.

Vorlesen und zuhören

Kinder entwickeln ihre sprachlichen Fähigkeiten, indem sie den Erwachsenen beim Sprechen zuhören. Ohne ein solches Zuhören lernen sie nicht sprechen. Durch ein regelmäßiges Vorlesen wird den Kindern neues sprachliches Material vermittelt, die schon bekannten Wörter werden geübt, Aufmerksamkeit und Zuhören fördern die sprachlichen Anlagen.

Den Kindern im Vorschulalter erscheinen alle größeren sprachlichen Zusammenhänge, Texte, Erzählungen usw. als Geschichten, in denen sie die überraschende Abfolge der Einzelheiten immer wieder hören wollen. Deshalb lassen sich auch diese Texte immer wieder vorlesen. In vielen Fällen werden die Kinder über die vorgelesenen Texte sprechen wollen, da das Abweichen von den gewohnten sprachlichen Äußerungen für die Kinder sehr auffällig ist. Anregungen für solche Gespräche finden Sie auf den Seiten 11 und 14.

Sprechen Sie mit den Kindern

Die kindliche Sprache entfaltet sich nur durch mündliches Sprechen in lebendigen Sprechsituationen. Weder Bücher noch Bilder können diese mündlichen Sprechsituationen ersetzen. In ihnen lernen die Kinder von selber das Sprechen. Die Sprache ist kein Lehrstoff, sondern ein lebendiges Geschehen.

Für eine intensive Sprachentwicklung sind die zufälligen Sprechsituationen des Alltags nicht ausreichend. Mit Sprachspielen müssen zusätzliche Anreize geschaffen werden.

Das Spiel mit der Sprache

Das Spiel mit der Sprache erfinden die Kinder schon in einem sehr frühen Stadium und ohne die Mithilfe der Erwachsenen. Die Kinder freuen sich über lustige Wörter, über Wortverwechslungen, sie lieben Schimpfwörter und «Kraftausdrücke». Die Kinder gebrauchen kühne sprachliche Vergleiche und ungewöhnliche Wortverbindungen. Mit diesen Eigentümlichkeiten der Kindersprache arbeiten auch die Sprachspiele dieses Buches, die sehr verschiedenartige Übungen zur Spracherziehung anbieten.

Beobachten Sie die Ausdrucksformen der Kindersprache. Kinder gebrauchen dieselben Wörter wie Erwachsene, aber oft meinen sie damit etwas anderes.

Lesen Sie regelmäßig vor

Jedes Lernen erfordert eine bestimmte Regelmäßigkeit. Auch das Erlernen von Sprache. Dies gilt vor allem dann, wenn die Muttersprache erlernt wird, die nicht wie eine Fremdsprache planmäßig und systematisch erworben wird. Schulmäßige Aufgabenstellungen setzen sprachliches Verstehen voraus. Im vorschulischen Alter läßt sich eine Intensivierung der sprachlichen Fähigkeiten nur durch regelmäßiges Vorlesen von Texten und durch ein breites Angebot sprachlicher Anreize erzielen.

Die Texte lassen eine beliebige Auswahl zu. Sie können mehrmals vorgelesen werden, und natürlich brauchen sie nicht gelesen zu werden, wenn sie nicht ankommen. Was langweilig zu sein scheint, kann man so lange überschlagen, bis es vielleicht später auf Interesse stößt.

Lachen und fragen

Große Bedeutung für die kindliche Sprachentfaltung haben die Affekte und Emotionen der Kinder. Auf diese Seite der Kindersprache wurde in vielen Sprachspielen Rücksicht genommen. Lassen Sie die Kinder lachen. Kinderreime, in denen Unsinniges zusammengereimt wird, gehören zum Grundbestand der Kinderliteratur.

Viele dieser Texte werden aber auch Fragen hervorrufen. Geben Sie ausführliche Antworten auf solche Fragen, benutzen Sie das Lexikon, wenn für weitergehende Erklärungen Interesse besteht, und lassen Sie den Kindern genügend Zeit zum Überlegen, wenn Sie selbst eine Frage an die Kinder richten. Bedenken Sie hierbei, daß die Kinder die Sprache auf einem großen Umweg erlernen, da sie ein Teil ihrer Spielwelt ist, in der sie nicht der Information und Verständigung dient, sondern der Phantasie und Spielaktivität.

Bilder und Merkzeichen

Die Kinder wissen, daß man zu Bildern etwas sagen kann. Wenn sie Bilderbücher kennen, wissen sie auch, daß ein Text die Bilder zum Reden bringt. Die Sprache deutet die Bilder. Auf diese Weise fördern Bilder die sprachliche Entwicklung, da jedes Bild mehrere sprachliche Deutungen zuläßt. Die Kinder kennen auch diese Rolle der Sprache bereits, insofern sie ihre Kinderzeichnungen mit Worten erläutern und deuten. Es entspricht der eben genannten Absicht, wenn der Vorleser die Bilder zum Ausgangspunkt für Unterhaltungen mit Kindern benutzt, um verschiedene Deutungen zu finden.
Um von vornherein dem Mißverständnis zu begegnen, daß die Bilder als Illustrationen das noch einmal wiederholen, was im Text steht, wurden Formen gewählt, die mehrere Deutungen zulassen.
Auch die Merkzeichen lassen sich deuten. Sie dienen außerdem dazu, daß das Kind selber mit dem Buch umgehen kann. Anhand der Merkzeichen kann es auswählen, welche Seiten und Texte vorgelesen werden sollen.

Wieso Sprachförderung durch Sprachspiele?

Die Sprachspiele erzeugen eine erhöhte Aufmerksamkeit auf jenes sprachliche Material, mit dem die Kinder bereits umgehen. Das Spiel mit der Sprache verwendet die Möglichkeiten, die sprachliches Material enthält, um durch eine vorsichtige Veränderung der Ausdrücke und des Satzbaues festgelegte Gewohnheiten aufzulösen und neue Möglichkeiten der Sprache zu zeigen.
Diese didaktische Bearbeitung der Texte äußert sich vor allem darin, daß bestimmte Wörter isoliert werden, damit sie in einem neuen

Zusammenhang in anderer Bedeutung gezeigt werden können. Auch die dem Kinde schon bekannten Wörter werden in einem neuen Licht gezeigt. Das läßt sich dadurch erreichen, daß dargestellt wird, was ein Wort bedeutet oder wie eine Sache aussieht, die mit diesem Wort genannt wird. Es kann aber auch gesagt werden, was ein Wort nicht bedeutet oder daß es eine derartige Sache nicht mehr gibt. Ein sehr wichtiges Verfahren für solche Erklärungen, das auch den Kindern schon bekannt ist, besteht darin, zu erläutern, wie man mit einer Sache umgehen kann, die durch ein bestimmtes Wort bezeichnet und dargestellt wird.

Was die Wörter bedeuten

In vielen Sprachspielen werden die Bedeutungen der Wörter erklärt und Unterschiede durch Vergleiche erläutert. Im Vorschulalter beginnen die Kinder nach solchen Wortbedeutungen zu fragen. Unbekannte Wörter und merkwürdige Ausdrücke fallen ihnen auf. Jene Sprachspiele, in denen Wortgeschichten Wörter erklären, fördern und intensivieren den genauen begrifflichen Sinn der Wörter. Dieser Prozeß stellt eine wichtige Voraussetzung für die Entfaltung der Sprache in mündlichen Sprechsituationen dar.
In dieser Art von Sprachspielen wird außerdem ein wichtiger Beitrag zur Förderung der Intelligenz und Kreativität geleistet. Genauer begrifflicher Umgang mit den Wörtern bildet eine wichtige Voraussetzung für selbständige Sacherfahrungen und schulisches Lernen.
Eine genauere Darstellung der sprachdidaktischen Gesichtspunkte, die für die Bearbeitung dieser Texte maßgebend waren, finden Sie im Nachwort. Das didaktische Register zeigt auf, in welchen Texten welche Aspekte der Sprache gefördert werden. Die Auswahl der Texte kann je nach den Erfordernissen und den Vorlieben der Kinder getroffen werden.

Zur Erfolgskontrolle

Sobald Kinder die ersten Wörter artikulieren, und sei es auch in entstellter Form, setzt die Sprachentwicklung ein. In diesem Stadium bedeutet jedes Sprechen mit den Kindern bereits Sprachförderung. Sobald ein gewisser Wortschatz und ein Minimum an sprachlicher Ausdrucksfähigkeit beherrscht werden, kann eine gezielte Sprachförderung begonnen werden. Beobachten Sie die Kinder, welche Wörter sie gebrauchen und was sie damit meinen. Wenn die Sprachspiele regelmäßig gelesen oder geübt wurden, verwenden die Kinder bald neue Wörter, die darin erklärt werden. Oder sie ahmen die Sprachspiele nach, die ihnen lustig erscheinen. Es ist ein sicheres Zeichen dafür, daß sich ihre sprachlichen Möglichkeiten erweitert haben, wenn sie selbst neue Sprachspiele erfinden.

Vorformen der Sprachförderung

Wenn Bilderbücher nicht aus Geschichten bestehen, die mit Bildern illustriert sind, sondern wenn sie aus Bildgeschichten bestehen, dann bilden sie einen wesentlichen Beitrag zur Sprachförderung. Denn sie zeigen den Kindern die Bilder erst im Lichte der sprachlichen Deutung. Die Kinder verstehen die Bilder erst mittels des Textes, und sie verstehen den Text erst mittels der Bilder. Diese Wechselwirkung ist von großer Bedeutung für die Sprachförderung.
In gewissem Sinne enthält auch der traditionelle Kinderreim sprachfördernde Elemente: die Wortverbindungen und Reime verlassen die gewohnten Ausdrucksformen, es werden falsche Beziehungen hergestellt zwischen bekannten Dingen, eine verkehrte Welt entsteht, über die gelacht werden kann. Dies alles geschieht auf der Basis von Sprachspielen und einer gewissen Wortmagie, die die Aufmerksamkeit der Kinder auf die Sprache lenkt. Ähnliches gilt für phantastische Kinderbücher. Bilderbücher, Kinderreime und phantastische Geschichten lassen sich zusätzlich und als Ergänzung zu diesen Sprachspielen für die Förderung der kindlichen Sprachentwicklung verwenden.

1

Zähne und Räder

Räder drehen sich, und Zähne beißen. Zähne, die sich drehen, gibt es nicht. Räder, die beißen, gibt es auch nicht. Die Zähne beißen gar nicht, wenn sie auf den Zahnrädern sitzen. Ein Zahnrad dreht sich nur, wenn es durch ein anderes Zahnrad bewegt wird oder durch eine Achse, die durch das Zahnrad hindurchgesteckt ist. Solche Räder haben Zähne, damit sie ineinandergreifen können und ein Zahnrad das andere Zahnrad bewegt. Mit unseren Zähnen hat das nichts zu tun.

Texte ohne Kommentar enthalten in der Regel keine zusätzlichen Aufgaben. – Der Vorleser sollte jedoch jederzeit die Gelegenheit aufgreifen, mit den Kindern über die Geschichten zu sprechen, falls sich dies von selbst ergibt.

Beispiel eines Gesprächs über «Zähne und Räder»:
Vorleser: «Nun weißt du, warum die Räder mit Zacken Zahnräder heißen.»
– Kind: «Warum heißen sie so?»
– Vorleser: «Die Zacken sehen wie Zähne aus.»

Der Hampelmann hängt an der Wand

Eigentlich ist er gar kein Mann, sondern einfach eine Figur. Eine Hampelfrau gibt es nicht. Hauptsache, der Hampelmann hat Glieder, denn ohne Glieder kann er nicht hampeln. Und wenn er nicht an der Wand hängt oder am Kopf gehalten wird und alles hängen läßt, kann er auch keine Gymnastik treiben. Fällt er von seinem Haken herunter, so macht er plum-plum. Er läßt dann alles hängen, Kopf, Arme und Beine. Auf dem Boden kann er überhaupt keine Bewegung machen. Er braucht die Luft und einen Haken und einen Strick, an dem man ihn zieht, dann kann er wieder Gymnastik treiben.

Ein Serienunfall und eine Müllkette

Der Mercedes fuhr auf einen VW.
Der VW fuhr auf einen Renault.
Der Renault fuhr auf einen Fiat.
Der Fiat fuhr auf einen BMW.
Der BMW fuhr auf einen Citroën.
Der Citroën fuhr auf einen Volvo.
Der Volvo fuhr auf einen Audi.
Dann blieben alle Fahrzeuge stehen.

Das Papier kommt in den Papierkorb.
Der Papierkorbinhalt kommt in einen Sack.
Der Papierkorbinhaltssack kommt in einen Mülleimer.
Der Mülleimerinhalt kommt in einen Mülleimerinhaltsbehälter.
Der Mülleimerinhaltsbehälter wird in ein Müllauto geleert.
Das Müllauto fährt den Müll über Land und leert ihn auf der Müllhalde aus.
Dort bleibt er liegen.

Diese Übung basiert auf einem bekannten Schema der Kindersprache: und dann, und dann, und dann ... Ziel der Übung ist der Hinweis darauf, wie ein sachlicher Zusammenhang einen sprachlichen Zusammenhang herstellt und umgekehrt. – Wenn Ihnen der Ausdruck Mülleimerinhaltsbehälter zu künstlich und monströs erscheint, ersetzen Sie ihn bitte durch Mülleimereimereimer.
Die beiden Texte lassen sich auch vergleichen, da sie auf verschiedenen Modellvorstellungen basieren.

Flaschen sind nicht immer grün

Oft sind sie aus undurchsichtigem farbigem Glas. Es gibt auch Plastikflaschen. Die heißt man so, weil sie die Form einer Flasche haben.

Den Babies gibt man die Flasche. Das ist eine besondere Flasche, und weil es immer dieselbe Flasche ist, aus der sie ihre Nahrung trinken, deshalb braucht man nicht zu sagen: ihre Nahrungsflasche oder ihre Babyflasche.
Flasche ist auch ein Schimpfwort.

Der Platz, die Plätze

Vor der Kirche ist ein Platz, vor dem Bahnhof ist ein Platz, vor dem Rathaus ist ein Platz, der Marktplatz. Viele Städte besitzen auch noch andere Plätze. Wenn die Häuser Platz freilassen und nicht gerade eine Straße den Platz in zwei Hälften zerschneidet, dann ist es ein schöner Platz.

Ein paar schöne Wörter

Vorleser	*Kind*	*Vorleser*
Sag mal Müdürü.	(Müdürü.)	So heißt ein einsames Schaf.
Sag mal Krawatta		
Krawatta Kraweuch.	. . .	So krähen die Raben.
Sag mal Zerberus.	. . .	Das ist ein – ich hab es vergessen.
Sag mal Fontäne.	. . .	Die spritzt in die Höhe.
Sag mal Gorilla.	. . .	Den kennst du doch.
Sag mal Monsun.	. . .	Das ist der Regen in Asien.
Sag mal Gazelle.	. . .	Die kann schön hüpfen.

Kannst du mir sagen, was Fontänengazellen sind?
Kannst du mir sagen, was Zerberusgorillas sind?

Kinder haben eine große Vorliebe für seltsam klingende Wörter. Die Übung fordert zum Nachsprechen auf, sie gibt auch einige Erklärungen. – Bedeutungsleere Wörter sind für Kinder nicht uninteressant, wenn sie absonderlich klingen.

Pinsel und Farbe

Zum Malen braucht man Pinsel, damit man die Farbe aus dem Farbenkasten auf das Blatt bringen kann. Mit Fingerfarben kann man auch ohne Pinsel malen. Es gibt feine und breite Pinsel. Die größten Pinsel benutzen die Maler, die die Wohnung ausmalen.

Stumme können nicht reden

Stumme können nicht reden. Das kann angeboren sein. Wenn es nicht angeboren ist, dann entsteht die Stummheit dadurch, daß man nichts sagt. Man schweigt und redet nicht und gibt keine Antwort eine ziemlich lange Zeit, so daß man meinen könnte, man kann überhaupt nichts sagen wie die Menschen, die stumm sind von Geburt an.

Beispiel eines Gesprächs über «Stumme können nicht reden»: Vorleser: «Kennst du jemand, der stumm ist?» – Kind: «Nein, ich weiß das nicht.» – Vorleser: «Ich zeig dir mal jemand, der stumm ist. Ich kann aber auch selbst einen Stummen spielen. Ich rede nichts, und du redest auf mich ein. Also los!» – Kind: «Aber du bist ja gar nicht richtig stumm.»

Ding und Dingerchen

Ding ist ein komisches Wort, denn alle Sachen können Dinge sein: ein Stuhl ist ein Ding, ein Stein ist ein Ding; wenn man nicht weiß, wie etwas heißt, oder man den Ausdruck dafür vergessen hat, sagt man: das Ding da. Besonders kleine Dinge kann man auch Dingerchen nennen.
Allerdings hat nichts damit zu tun. Neuerdings hat auch nichts mit Dingen zu tun, nur das Wort Ding steckt in allerdings und neuerdings. Wenn man jaja sagt für allerdings, dann ist das fast dasselbe.

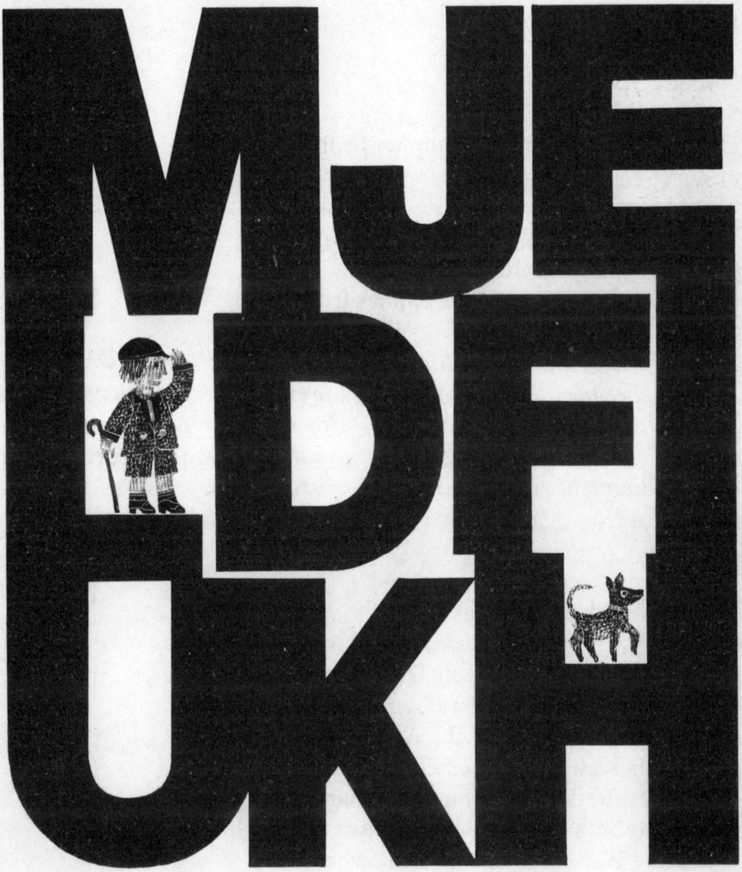
MJE
DF
UKH

Das kann man essen

Nudeln, Speck und Eier.
Specknudeln und Eier.
Eierspecknudeln mit Ketchup und Sahne.

Grüne Heringe braten, bis sie braun sind.
Reis und Sauerkraut gehören nicht dazu.
Spaghetti mit Tomaten auch nicht,
aber Kartoffeln, nur nicht Pommes frites.

Die sprachliche Bewältigung leicht zu beobachtender Vorgänge ergibt neue Ausdrücke. Es werden auch Einzelheiten erwähnt, die nicht zu den Vorgängen, die beschrieben werden, gehören, mit der Absicht, auf das Besondere der Zutaten und die Auswahl sowie die Verwandlung hinzuweisen.

Was passiert beim Eierrühren?

Acht Eier, viel Milch, wenig Butter,
etwas Salz und Pfeffer, geriebener Käse –
gibt Rührei auf holländische Art.
Wo ist der Käse? Er ist verschwunden.
Wo ist der Pfeffer? Er schmeckt scharf.
Wo ist das Salz? Es hat sich aufgelöst.
Wo ist die Butter? Sie ist geschmolzen.
Wo ist die Milch? Sie ist mit den Eiern geronnen.
Was bleibt übrig?
Rührei auf holländische Art.

Dieses Beispiel ließe sich auch analytisch lesen, von unten nach oben: Was ist in Rühreiern auf holländische Art?

2

Der Kreis ist rund

Nicht alles, was rund ist, ist schon ein Kreis. Auch Ellipsen sind rund
oder Bögen, die sich nicht zusammenschließen. Der Kreis besitzt
einen Mittelpunkt. Deshalb hat das Rad eine Kreisform, denn im
Mittelpunkt ist die Achse befestigt. Der Mittelpunkt ist von der
Kreislinie überall gleich weit entfernt. Das kann man messen.

Weißt du das?

Wer füttert die Vögel?
Wer füttert die Fische?
Wer füttert die Kühe?
Wer füttert die Kinder?

Wer füttert die Hunde?
Wer füttert die Ochsen?
Wer füttert die Rehe?
Wer füttert die Fliegen?

Wer füttert die Krokodile?
Wer füttert die Gänse?
Wer füttert die Hasen?
Wer füttert die Frösche?

Wer füttert die Affen?
Wer füttert die Tigerbabies?
Wer füttert die Löwen?
Wer füttert die Elefanten?

Wer füttert die Wespen?
Wer füttert die Libellen?
Wer füttert die Bienen?
Wer füttert sich selber?

*Auf diese Fragen soll geantwor-
tet werden. Gelegentlich kann
auch der Vorleser die Antworten
geben. Aber nicht alles, was zunächst unbeantwortet bleibt,
muß sofort beantwortet werden.*

Es brennt und brennt und brennt

Holz brennt,
Papier brennt,
Stroh brennt,
Stoff brennt.
Was brennt außerdem?

Holz verbrennt.
Papier verbrennt,
Stroh verbrennt,
Stoff verbrennt.
Was verbrennt außerdem?

Holzasche
Papierasche
Strohasche
Stoffasche

Holzpapierstrohstoffasche
Papierholzstrohstoffasche
Strohstoffpapierholzasche
Papierstoffstrohholzasche

Holzpapierasche
Strohstoffasche
Stoffasche
Papierasche
Strohasche
Holzasche

Asche, nichts als Asche.
Hast du schon einmal Asche gesehen?

Holzasche?
Papierasche?
Strohasche?
Stoffasche?

Gibt es Holzpapierstrohstoff-asche?
Gibt es Papierholzstrohstoff-asche?
Gibt es Strohstoffpapierholz-asche?
Gibt es Papierstrohstoffholz-asche?

Gibt es Holzpapierasche?
Gibt es Strohstoffasche?

Gibt es Stoffasche?
Gibt es Papierasche?
Gibt es Strohasche?
Gibt es Holzasche?

Das Wortmaterial läßt sich zu einem Dialogspiel verwenden. Die Wortteile werden von Leser und Hörer gesprochen. Die unsinnigen Wortverbindungen dienen als Anregung für eine Überprüfung des Sachverhalts. Ungebräuchliche Ausdrücke können sinnvoll sein. – Ähnliche Wortkombinationen lassen sich leicht herstellen.

Namen, die man verwechseln kann

Zwei Mädchen trafen sich, sie hießen Nino und Nina. Nina sagte: «Ich habe ein I und ein A in meinem Namen.» Nino sagte: «Ich habe ein I und ein O in meinem Namen.» Plötzlich sagten sie beide: «Ein I haben wir alle beide, und zusammen haben wir ein A und ein O.» Nina: «Ich habe ein A.» Nino: «Ich habe ein O.»
Zwei Mädchen trafen sich auf dem Spielplatz. Sie hießen Ina und Ino. Nina und Nino sagten zu Ina und Ino: «Euch fehlt ja das N. Wir heißen Nina und Nino, und ihr heißt nur Ina und Ino.»
Ino sagte: «Gebt uns das N, dann heißen wir Nina und Nino, und ihr heißt Ina und Ino.»
Vera und Veronika schauten den vier streitenden Mädchen zu. Irene und Vrene gingen davon, denn sie wollten nicht, daß man mit ihren Namen Streit anfängt.

Die Übung dient der Gehörschulung. Lange bevor die Buchstaben den Kindern bekannt sind, müssen ihnen die Klänge vertraut werden. – Die Übung läßt sich ergänzen, indem andere Namen analysiert werden oder aus schon bekannten Buchstaben neue Namen erfunden werden.

Um eine Überforderung zu vermeiden, ist die Form einer Geschichte gewählt worden. Falls Sie beobachten, daß die Buchstaben noch nicht mit dem Gehör unterschieden werden, begnügen Sie sich mit dem Vorlesen der Geschichte.

Was der Vorname Berta erzählt

Berta ist ein Vorname. Heute wird niemand mehr Berta getauft. Das wäre altmodisch. Aber als die alten Frauen, die heute Berta heißen, geboren wurden, hat man diesen Namen gern den Kindern gegeben. Denn es gibt viele alte Frauen, die Berta heißen. Im Ersten Weltkrieg hieß sogar eine Kanone «Dicke Berta». Seitdem kann man diesen Namen eigentlich niemandem mehr geben.

Enkel, Enkelkinder oder Kinder von Kindern

Kinder von Kindern heißen Enkel. Aber erst, wenn die Kinder erwachsen sind, können sie auch Kinder bekommen. Deshalb muß man sagen: ein Ehepaar hat Kinder. Wenn diese erwachsen sind und sich verheiratet haben und Kinder haben, dann sind das die Enkelkinder.

Das gehört zusammen

Milch und Käse
Fleisch und Blut
Leber und Milz
Augen und Ohren
Fenster und Türen
Treppen und Räume
Berge und Ebenen
Fische und Vögel
Straßen und Wege
Wiesen und Felder
Gärten und Wälder
Autos und Flugzeuge
Messer und Gabel
Bücher und Bilder

Gehört das auch zusammen?
Wasser ist naß und kalt.
Bäume sind grün und holzig.
Häuser sind möbliert und bewohnt.
Hunde können bellen und beißen.
Bakterien sind klein und gefährlich.
Enten können schwimmen und fliegen.

«Und» hat viele Bedeutungen, eine davon ist «Zusammengehörigkeit». Oft läßt sich begründen, warum etwas zusammengehört. Zu allen Sachen lassen sich ähnliche finden, die dazugehören. Der Text übt Zusammenhänge, die immer mitgedacht werden, wenn diese Form des «und» verwendet wird. (Über «und» im Sinne von «oder» sowie «und» im Sinne von «aber» siehe Seite 56.)

Guten Morgen, guten Abend, gute Nacht

Schönen guten Morgen
Schönen guten Abend
Gute Nacht, gute Nacht

Vorleser	Kind	Vorleser
Sag mal guten Tag.	(Guten Tag.)	Es ist Morgen.
Sag mal guten Tag.	. . .	Es ist Vormittag.
Sag mal guten Tag.	. . .	Es ist Mittag.
Sag mal guten Tag.	. . .	Es ist Nachmittag.
Sag mal guten Tag.	. . .	Den ganzen Tag.
Sag mal guten Abend.	. . .	Es ist Abend.
Sag mal gute Nacht.	. . .	Es wird Nacht.

Peter schläft eines Tages bis um 12 Uhr. Die Mutter bereitet schon das Mittagessen. Er kommt aus dem Schlafzimmer und sagt: «Guten Morgen!»
Karin steht eines Tages schon um 4 Uhr auf. Ein Vogel, der vor ihrem Fenster ganz laut singt, hat sie geweckt. Es ist noch ganz finster. Sie kommt aus dem Schlafzimmer und sagt: «Gute Nacht!»

Grüßen ist ein Sprachspiel. Der Text weist darauf hin, daß Tag im *Gruß und Tag als Zeitspanne zweierlei sind.*

Gesund und krank

Manche Leute sind immer krank. Manche Leute werden nie krank. Schlimme Krankheiten dauern meist sehr lang. Wer krank wird, spürt es schon vorher. Irgend etwas stimmt nicht, oder man ist nur schlecht gelaunt. Sobald man Fieber hat, ist die Krankheit endgültig da.

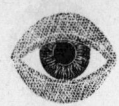

Was ist ein Park?

Ein Park ist ein Garten, in dem Bäume stehen. Die Bäume sind sorgfältig ausgewählt worden, es sind besonders schöne Bäume, seltene Bäume, die es nicht überall gibt, und sie werden gepflegt wie der Park überhaupt.
Ein Parkplatz hat nichts mit einem Park zu tun. Ein Parkplatz in einem Park stört den Park.

Die seltsamsten Fische der Welt

Im Aquarium schwammen Fische, die schon lange zahnlos waren. Man hatte ihnen die Zähne ziehen müssen, damit sie die Kinder nicht beißen konnten.
Wo gibt es ein solches Aquarium? Womit kann man Fischen die Zähne ziehen? Welche Fische beißen die Kinder in die Finger?

Wo ist die Mitte?

In einem Zimmer stehen Möbel. In der Mitte steht oft ein Tisch, zum Beispiel der Eßtisch. Die Mitte in einem Kreis ist ein Punkt. Wenn drei Leute auf einer Bank sitzen, dann sitzen zwei außen und einer in der Mitte. Bei einem Ball sieht man die Mitte nicht, denn sie ist im Inneren des Balls. Bei einem Auto oder einem Haus gibt es vielleicht keine Mitte. Sie ist irgendwo im Innern des Autos und des Hauses, aber weil ein Auto und ein Haus nicht ganz regelmäßig sind, deswegen haben sie keine Mitte.

Peru und die Peruaner

Die Peruaner wohnen in Südamerika. Der Staat in Südamerika, in dem sie wohnen, heißt Peru.

J

Vom Lächeln und Lachen

Jeder Mensch kann lächeln, aber jeder lächelt anders. Es gibt viele, die können nur lächeln und nicht lachen. Kinder lächeln anders als alte Menschen. Was das Lächeln ist, weiß man nicht, und warum man lächelt, weiß man auch nicht, denn wer lächelt, ist nicht immer glücklich. Und wer nicht lächelt, kann trotzdem glücklich sein. Natürlich lächelt niemand, der sehr traurig ist. Trotzdem kann man mit dem Lächeln etwas verbergen, das bedrückend oder beängstigend ist.

Von der Autogarage zur Garage

So heißen die kleinen Häuschen, in denen die Autos über Nacht eingestellt werden. In der Schweiz und in Frankreich heißen aber auch die Autoreparaturwerkstätten Garage. Manchmal heißen sogar die Parkhäuser, in denen man die Autos parken kann, Garagen. Niemand sagt Autohaus oder Autohäuschen oder Abstellhäuschen für Autos, nicht einmal Autogarage, sondern einfach Garage.
Eigentlich müßte man immer Autogarage sagen, und eigentlich müßte man immer auch Automobil zum Auto sagen, aber weil es kürzer ist, sagt man Garage zur Autogarage und Auto zum Automobil. Alle Leute verstehen das.

3

Mandarinen und Orangen

Orangen sind größer als Mandarinen. Sie haben auch kein so zartes Fleisch wie die Mandarinen. Außerdem sind die Mandarinen süßer als die Orangen. Wenn die Mandarinen eine Weile gelegen haben, löst sich die Schale vom Fruchtfleisch ein wenig ab. Dann kann man

sie ganz leicht herunterziehen. Bei den Orangen löst sich die Schale nicht vom Fruchtfleisch ab, denn sie ist dicker, und wenn die Orangen alt werden, dann fangen sie an zu faulen.

Sprechmaschine

Vorleser	Kind	Vorleser
Sag mal Messer.	(Messer.)	Menschenfresser.
Sag mal Hand.	. . .	Bist ein Elefant.
Sag mal Leute.	. . .	Heute, heute.
Komm mal her.	. . .	Bist ein alter Bär.
Weißt du was?	. . .	Wasser ist naß.
Sag mal Köpfe.	. . .	Arme Tröpfe.
Sag mal Giraffe.	. . .	Das ist ein Affe.
Sag mal fix.	. . .	Das ist nix.
Sag mal Ochsen.	. . .	Die können boxen.
Sag mal Blut.	. . .	Das schmeckt gut.
Sag mal Wau.	. . .	Böser Hund.
Sag mal Suppe.	. . .	Für die Puppe.
Sag mal Not.	. . .	Da gibt's kein Brot.
Sag mal Elefanten.	. . .	Das sind alte Tanten.
Sag mal Libellen.	. . .	Die schellen.
Sag mal Kühe.	. . .	Die haben Mühe.
Sag mal fischen.	. . .	Laß dich dabei nicht erwischen.
Sag mal Ocker.	. . .	Bist ein Stubenhocker.
Sag mal Pflaumen.	. . .	Die schmecken im Gaumen.
Sag mal Tüte.	. . .	Du meine Güte.
Sag mal Kuß.	. . .	Jetzt ist Schluß.

In diesem Dialogspiel lassen sich gelegentlich auch die Rollen vertauschen. Außerdem können andere Wörter als Antwort eingesetzt werden. Die Übung stellt insofern eine spielerische Form der Erweiterung des Wortschatzes dar. Außerdem werden Gedächtnis und Gehör trainiert.

Sprechmaschine

Vorleser	Kind	Vorleser
Sag nein.	(Nein.)	Du hast nur ein Bein.
Sag nein.	. . .	Ich laß dich nicht rein.
Sag nein.	. . .	Es gibt keinen Wein.
Sag nein.	. . .	Du bist kein Schwein.
Sag nein.	. . .	Es kann nicht sein.
Sag nein.	. . .	Du hast keinen Leim.
Sag nein.	. . .	Ich bin nicht allein.
Sag nein.	. . .	Der Fritz heißt nicht Hein.

Diese «Sprechmaschine» funktioniert nur, wenn das Kind wirklich nein sagt. Dann erst wird die Antwort gelesen. Die Übung läßt sich auch seitenverkehrt einsetzen. Außerdem kann man ähnliche Abfolgen mit «ja» und anderen kurzen Wörtern bilden. – Das Neinsagen stellt bei den Kindern einen positiven Ausdruck dar, der die Willensbildung fördert. Der Text zielt außerdem auf die Vielfältigkeit von Verneinungen.

Wo ist die Mami?

Wenn sie nicht in der Küche ist, ist sie im Wohnzimmer. Wenn sie nicht im Wohnzimmer ist und auch nicht in der Küche, ist sie im Schlafzimmer. Wenn sie nicht im Spielzimmer ist, und wenn sie nicht in der Küche, im Wohnzimmer, im Schlafzimmer ist, ist sie vielleicht im Bad. Wenn sie dort auch nicht ist, ist sie vielleicht im Klo. Wenn sie dort nach einer Weile auch nicht herauskommt und der Mantel und die Schuhe und die Mütze noch in der Garderobe sind, dann ist sie vielleicht in der Waschküche oder im Keller oder in der Garage. Wenn sie nach einer Weile nicht in die Wohnung wieder heraufkommt, dann ist sie vielleicht beim Nachbarn oder im Milchladen. Wenn sie von dort auch nicht zurückkommt und das Auto nicht mehr in der Garage steht, dann ist sie fort.

Warum?

Geh bitte vom Tisch herunter.
Warum?
Weil du darauf sitzt.

Zieh bitte deine Schuhe an.
Warum?
Weil du sie noch nicht anhast.

Mach bitte die Tür zu.
Warum?
Weil sie offensteht.

Bring mir bitte ein Handtuch herein.
Warum?
Weil mir eines zum Abtrocknen fehlt.

Stelle bitte das Glas auf den Tisch.
Warum?
Weil es zerbrechlich ist.

Nimm bitte den Federhalter in die rechte Hand.
Warum?
Weil du ihn in der linken hältst.

Iß bitte keinen Zucker mit den Fingern.
Warum?
Weil es dafür einen Löffel gibt, und außerdem, weil der Zucker
schädlich für die Zähne ist.

Von der Autobahn und der Eisenbahn

Die Autobahn ist gar keine Bahn, sondern ein Straße. Aber weil man auf dieser Straße sehr schnell fahren kann und von niemand gestört wird, kommt es einem vor wie in der Eisenbahn.
Eine Autobahn ist keine Eisenbahn. Die Eisenbahn fährt auf Schienen, das Auto auf der Autobahn. Wenn man bei der Eisenbahn die Schienen wie bei der Autobahn Bahn heißen würde, dann wäre der Schienenstrang, auf dem die Eisenbahn fährt, eine Eisenbahnbahn.

Was kosten die Waren?

In den Läden muß man Geld für die Waren geben, wenn man sie kaufen will. Die Menge Geld, die eine Ware kostet, heißt der Preis. Die Preise sind meist auf kleinen Schildern an den Waren angebracht, damit man selbst lesen kann, was die Sache kostet.

Alles Geld in der Kasse

In einer Kasse ist Geld. Die Kassen in den Läden stehen meist am Ausgang. Eine Kassiererin zählt mit einer Registrierkasse die Preise der Waren zusammen, die man gekauft hat. Dann kassiert sie das Geld, das man dafür bezahlen muß. In Sparkassen hebt man das Geld auf, wenn man es spart.

Haut und Häute

Es gibt Hornhaut, Fischhaut, Hautverletzung, Hautkrankheit, Knochenhaut, behaarte Haut, Kopfhaut, Plastikhaut, Hautausschlag, Hautflügler, gegerbte Haut, das ist Leder, zarte Haut und Babyhaut.

Z

Die Verwandlung eines Menschen

Ein großer Mann.
Ein dicker Mann.
Ein schwerer Mann.
Ein starker Mann.

Der Mann ist schön groß.
Der Mann ist schön dick.
Der Mann ist schön schwer.
Der Mann ist schön stark.

Er ist groß, das ist schön.
Er ist dick, das ist nicht schön.
Er ist schwer, das ist auch nicht schön.
Er ist stark, das ist schön.
Groß und stark und schön.
Dick und schwer ist nicht schön, also ist es kein schöner Mann.

Wer kann gehen?

Es geht ein Wind.
Die Uhr geht.
Niemand geht auf der Straße.
Es geht nicht voran.
Geht es uns gut?

Städte und Städter

Hamburg, Bremen, Frankfurt, Osnabrück, Stuttgart, Freiburg, München, Bamberg, Düsseldorf, Köln, Bonn.
Die Leute aus Hamburg heißen «die Hamburger». Die Leute aus München sind «die Münchner». Die Freiburger leben in Freiburg oder kommen von Freiburg.
Natürlich kann man von den Städtern noch vieles andere erzählen, zum Beispiel, daß die Hamburger Norddeutsche sind und die Münchner Süddeutsche. Die Münchner sprechen bayrisch und die Frankfurter hessisch.

Die Miete wird mit Geld bezahlt

Viele Leute wohnen in Häusern, die ihnen nicht gehören. Damit sie in dem Haus wohnen können, müssen sie dem Besitzer Geld geben. Das ist die Miete. Man kann nicht nur Wohnungen mieten, sondern auch Autos oder Maschinen oder sogar Kleider. Wer so etwas gegen Geld anderen Leuten gibt, damit sie es benützen können, vermietet. Der Hausbesitzer, der die Wohnungen den Leuten gegen Geld überläßt, ist der Vermieter.

4

Woher die Elefanten kommen

Bei uns gibt es die Elefanten nur im Zoo, in dem man Tiere anschauen kann, oder im Zirkus, in dem die Tiere auftreten. Sie zeigen dort dem Publikum, was sie gelernt haben. Die Elefanten sind aber weder im Zoo noch im Zirkus zu Hause, obwohl sie dort manchmal auch geboren werden. Ihre Heimat ist Afrika und Asien. Dort leben sie in Freiheit wie andere Tiere bei uns auch.

Eine schöne Geschichte

Der schöne Vogel singt.
Der schöne Vogel singt wirklich.
Der schöne Vogel singt gar nicht.

Daß der Vogel singt, ist schön.
Daß der wirkliche Vogel singt, ist
schön.
Daß der Vogel wirklich singt, ist
schön.
Daß der Vogel singt, ist wirklich
schön.
Daß der Vogel singt, ist nicht
schön.

Der Vogel singt schön.
Der Vogel singt nicht schön.
Der Vogel singt wirklich schön.
Der Vogel singt nicht wirklich
schön.

Der Vogel heißt Hansi.
Der schöne Hansi singt.
Der schöne Hansi singt wirklich.
Der schöne Hansi singt gar nicht.

Daß Hansi singt, ist schön.
Daß der wirkliche Hansi singt, ist
schön.
Daß Hansi wirklich singt, ist
schön.
Daß Hansi singt, ist wirklich
schön.
Daß Hansi singt, ist nicht schön.

Hansi singt schön.
Hansi singt nicht schön.
Hansi singt wirklich schön.
Hansi singt nicht wirklich schön.

*Die Absicht der Übung besteht
darin, Aufmerksamkeit auf den
sich ändernden Satzbau zu lenken. Diesem Zweck dient auch
der Umstand, daß die Geschichte keinen Inhalt hat. Schön und
nicht schön, wirklich und nicht
wirklich werden durch wieder-
holten Gebrauch stumpf, die
Aufmerksamkeit muß sich dem
Satzbau zuwenden.*
*Beobachten Sie die Reaktion der
Kinder auf die einzelnen Abschnitte. Versuchen Sie, mit ihnen über Situationen zu sprechen, in denen die Sätze gelten.
Stellen Sie verschiedene Absätze
gegeneinander.*

Der Kabeljau ist kein Kabel

Kabeljau heißt ein Fisch, der so groß ist, daß man nur Stücke von ihm kauft. Man kann ihn braten oder kochen. Es gibt ihn auch tiefgefroren und in kleinen Stücken. Er hat eine graue Haut, ein großes Maul und, wie die meisten Fische, ganz weißes Fleisch. Wenn er nicht mehr ganz frisch ist, sieht seine graue Haut ein wenig bläulich und blaß aus. Wenn man an einem solchen Fisch riecht, merkt man, ob er frisch ist und man ihn noch essen kann oder ob er schon anfängt zu faulen.

Die Geschichte von: Es war einmal

Es war einmal ein Mann, der war arm und alt. Er suchte sich eine Frau, die erzählte: Es war einmal ein Mann, der war arm und alt. Er suchte sich eine Frau, die erzählte: Es war einmal ein Mann . . .
Erzähle die Geschichte immer weiter. Wann hört diese Geschichte auf?

Hier ist eine andere Geschichte:
Es war einmal eine Puppe, die war dick und bunt. Die Puppe gehörte einem Mädchen, das erzählte den ganzen Tag: Es war einmal eine Puppe, die war dick und bunt. Sie gehörte einem Mädchen, das erzählte den ganzen Tag: Es war einmal eine Puppe . . .
Kannst du auch so eine Geschichte erfinden?

Da fehlt etwas

Ein Auto ohne Motor ist . . .   Ein Haus ohne Dach ist . . .
Ein Fahrrad ohne Räder ist . . .   Ein Topf ohne Boden ist . . .
Eine Sonne ohne Licht ist . . .   Ein Fisch ohne Wasser ist . . .
Ein Baum ohne Laub ist . . .   Ein Radio ohne Strom ist . . .

33

Wer hat O-Beine?

Das O ist ein Buchstabe. Der Buchstabe O sieht aus wie ein Kreis. Er sieht nicht genau aus wie ein Kreis, da er eine längliche Form hat. O-Beine sind O-förmig. O-Beine sind nach außen gebogen, nicht nach innen. Wenn die Beine nicht ganz gerade sind und sie bei den Knien zusammenstoßen, dann sagt man nicht O-Beine, sondern X-Beine.

Gibt es lange Finger?

Es gibt lange Haare, sie sind sehr schön.
Es gibt lange Nudeln, sie schmecken sehr gut.
Es gibt lange Finger, die können sehr viel.
Es gibt lange Kerle, die sind sehr lang.
Es gibt lange Bananen, sie sind sehr süß.
Es gibt lange Äste, sie sind sehr beweglich.
Es gibt lange Leute, es gibt kurze Leute, es gibt dicke Leute, es gibt unmögliche Leute.

Fragen lassen sich leicht anschließen: Wer hat lange Haare von deinen Freunden? Sind sie auch schön? Wie heißen lange Nudeln? Weißt du, wie man sie ißt? Gibt es überhaupt lange Finger? Warum sind lange Äste beweglich? – Ziel des Textes ist es, auf ein Wort hinzuweisen, das nicht immer dasselbe bedeutet.

Nicht jeder Kran ist ein Baukran

Baukran, Schiffskran, Lastkran, Spielzeugkran, Hebekran, Drehkran. Eine Feuerwehrleiter ist kein Kran, ein Bagger ist kein Kran, aber auf einem Lastwagen kann man einen Kran anbringen.

Der Hund

Der Hund mit seinem Nachbarhund.
Der Hundeblick und Hundelaut.
Das Hundefell und Hundedreck.
Der Hund, der Hund.

Hundswetter und Hundstage.
Das Hundehalsband mit der Hundeleine.
Der Hund bellt oder schläft.
Der Wachhund und der Schoßhund.
Der gemeine Hund ist kein Hund.
Der dumme Hund und der kluge Hund.
Das Hundeohr und der Hundeschwanz.
Der Hundebiß und die Hundezunge.

Neues vom Mond

Der Mond hat keine Augen mehr und keine Nase und keinen Mund.
Der Mond läßt niemanden leben auf seinem Mondgebiet. Der Mond
schickt alle wieder herunter, die einmal hinaufgefahren sind. Der
Mann im Mond ist längst verschwunden.

Neues von der Sonne

Die Sonne lacht noch immer. Sie geht jeden Morgen auf, und noch
nie ist jemand auf ihr gelandet. Sie mußte deshalb noch nie jemanden
wieder herunterschicken. Man weiß nicht genau, wie es auf ihr und in
ihr ist. Und natürlich lacht sie, obwohl sie keine Augen hat. Sie hat
auch keine Nase und keinen Mund.

5

Ein kleiner Schimpfwettkampf

Du bist dumm.	Du auch.
Du spinnst.	Du auch.
Du bist albern.	Du auch.
Du bist ein Trottel.	Du auch.
Du Esel.	Du Ochs.
Du Hammel.	Du Kamel.

Schimpfen ist ein Sprachspiel. Es dient sicherlich auch der Entlastung des kindlichen Gefühlslebens. Im übrigen gilt für die hier beabsichtigte «Pflege» des Schimpfens dieselbe Überlegung wie die, die für das Lügen auf Seite 117 geäußert wird. Die meisten Schimpfwörter sind Metaphern. Eine gute Übung für die Abwehr von Schimpfwörtern besteht darin, sie wörtlich zu verstehen und sie in dieser Form zurückzugeben. (Ein Hammel hat ja Hörner!)

Kannst du schimpfen?

Pfui, der Honig ist mir	zu klebrig oder zu süß.
Pfui, der Dreck ist	zu dreckig.
Pfui, das Zimmer riecht	zu komisch oder zu schmutzig.
Pfui, der Hund stinkt	nach Kaka oder Pipi oder nach Hundefell.
Pfui, deine Füße sind	zu schmutzig oder ungewaschen.
Pfui, die Milch schmeckt	sauer oder komisch.
Pfui, die Äpfel sind innen	braun oder faulig.
Pfui, die Soße ist mir	zu scharf oder zu bitter.

Prahlhänse

Peter sagte: «Mein Vater hat einen VW-Mercedes.»
Fritz sagte: «Mein Bruder hat ein Rennflugzeug.»
Martin sagte: «Ich habe einen Spielzeugaffen, der reden kann.»
Karin sagte: «Meine Oma hat Goldfische, die aus Gold sind.»
Kathrin sagte: «Meine Mami hat schwarzblondes Haar.»
Gabi sagte: «Unser Hund kann mit Messer und Gabel essen.»
Angelika sagte: «Wir haben Meerschweinchen, die können singen.»
Claudia sagte: «Unsere Katze frißt Bananen und Erdbeeren.»
Thomas sagte: «Wir haben einen Stallhasen, der rote Haare hat.»

Prahlen ist ein Sprachspiel, ein sehr gebräuchliches. Man kann fragen, warum etwas möglich und nicht möglich ist. Es gibt sachliche und sprachliche Unvereinbarkeiten. – Mit dem Text wird nicht beabsichtigt, das Prahlen zu verbieten, denn es stellt eine emotionale Äußerung dar, die für Kinder bedeutsam ist.

Meine Hundesprache

Wauwau – das heißt, ich will Sprudel.
Kiki – das heißt, ich will lachen.
Muhmuh – das heißt, ich habe Hunger.
Trrtrr – das heißt, ich will Fahrrad fahren.
Barbar – das heißt, ich muß schlafen.
Lili – das heißt, ich will spielen.
Nunu – das heißt, ich brauche Klebstoff.
Taktak – das heißt, das Auto fährt.

C c

Schimpfen

Du stinkst.   Du auch.
Du bist dumm.   Du auch.
Du kannst nicht lesen.   Du auch nicht.
Du hast keinen Hubschrauber zum Spielen. Du auch nicht.
Du bist frech.   Du auch.

6

Große und kleine Käfer

Maikäfer, Marienkäfer, Hirschkäfer, Mistkäfer. Sogar ein Auto heißt
Käfer: der Volkswagen, weil seine Form der Käferform ähnelt. Außerdem ist der Volkswagen ein kleines Auto, verglichen mit den
großen Autos. Große Käfer gibt es nicht. Der Hirschkäfer und der
Maikäfer sind immer noch klein im Verhältnis zu den Vögeln oder
den Mäusen und Fischen.
Käfer sind Insekten. Fliegen sind auch Insekten. Viele Käfer können
fliegen, zum Beispiel der Marienkäfer oder der Maikäfer. Wenn alle
Käfer fliegen könnten, bräuchte man nicht mehr Käfer zu ihnen zu
sagen, oder man müßte zu den Fliegen auch Käfer sagen.

Gefangen, Gefängnis, Gefangener

Im Krieg heißen die Soldaten, die vom Feind gefangengenommen
werden, Kriegsgefangene. Sie müssen die Waffen ablegen und werden in ein Lager geführt. Leute, die im Gefängnis sitzen, sind auch
gefangengenommen worden. Sie müssen im Gefängnis eine Strafe
abbüßen und dürfen nicht aus dem Gefängnis heraus.

Die Geschichte vom Kanalkrokodil

Unsere Nachbarn hatten uns vor vielen Jahren ein kleines Krokodil geschenkt. Es lebte in einer großen Badewanne auf dem Balkon. Die Kinder fütterten es, und es dachte nicht daran, uns zu verlassen.

Eines Morgens wachten wir an einem ungewöhnlichen Geräusch auf. Wir meinten zuerst, irgend jemand habe einen Wassereimer umgeworfen. Deshalb rannten wir in die Küche, um zu sehen, ob in der Küche etwas passiert wäre. Auf dem Flur entdeckten wir dabei, daß die Wohnungstür offenstand. Auf der Treppe war eine leichte Wasserspur zu sehen.

Wir rannten die Treppe hinunter, verfolgten die Spur und stellten zu unserem Erstaunen fest, daß der Kanaldeckel vor unserem Haus im Straßengraben offenstand.

Jetzt wußten wir, was passiert war. Das Krokodil war aus der Badewanne gestiegen und hatte uns verlassen.

Die Geschichte erlaubt eine Verwendung auf verschiedene Weise: als Hörübung, als Vorlesegeschichte, die die Phantasie anregt, als Ausgangspunkt für ein Gespräch über das, was möglich und nicht möglich ist.

Gibt es Gespenster?

Natürlich gibt es keine Gespenster. Das sollen Wesen sein, die im Dunkeln herumgeistern, keinen Leib haben, sondern nur so ein Hauch sind, aber trotzdem einem Furcht einjagen.

Wer sich fürchtet, sieht Gespenster. Die Gespenster hat man selber gemacht. Sie sind unsere eigene Angst, und deshalb sollen die Gespenster auch vor allem im Dunkeln vorkommen, denn dann kann man ja auch Angst bekommen. Aber nicht, weil es Gespenster gibt, sondern weil das Dunkel nicht schön ist und man manchmal im Dunkeln nicht weiß, wo der Weg oder wo der Lichtschalter ist.

Der Hund bellt, bellt der Hund?

Der Hund bellt, bellt der Hund?
Die Suppe kocht, kocht die Suppe?
Das Auto quietscht, quietscht das Auto?
Oder quietscht die Katze?
Oder quietscht das Rad?
Oder quietscht die Tür?
Oder quietscht die Maus?
Oder quietscht noch jemand?

Das Klo stinkt, stinkt das Klo?
Das Bad stinkt, stinkt das Bad?
Die Küche stinkt, stinkt die Küche?
Oder stinkt die angebrannte Milch?
Oder stinkt der Mülleimer?
Oder stinkt der Käse?
Oder stinkt der Salat?
Oder stinkt der Knoblauch?
Oder stinkt das Wasser?
Oder stinkt jemand anderes?

Oder stinkst du gar etwa?
Es stinkt fürchterlich.

Auf eindeutige Aussagen und Fragen folgen Sätze, die Vermutungen anstellen. Diese wichtige Unterscheidung enthält außerdem Ausdrücke, die affektives und lustbetontes Sprechen wecken. Lassen Sie das Kind sagen, wie etwas stinkt.

Ottern sind Schlangen

Manche Schlangen heißen Ottern. Zum Beispiel die Kreuzotter, die sehr gefährlich ist, weil sie, wenn sie zubeißt, mit einem Giftzahn Gift in die Blutbahnen des menschlichen Körpers bringt.
Fischottern sind aber keine Schlangen.

Wo es Eis gibt

Wer aufs Eis geht, muß prüfen, ob es schon trägt. Die Eisdecke auf dem Fluß muß fast einen halben Meter dick sein, wenn man darauf herumspazieren oder Schlittschuh laufen will.
Im Kühlschrank bildet sich Eis. Das Wasser gefriert zu einer milchigen Masse. Auch das Speiseeis ist nicht durchsichtig. Meist ist es sogar farbig. Schokoladeneis ist braun, und wie ist Himbeereis?

Wo es Affen gibt und wer Affe sagt

Im Zoo werden sie im Käfig gehalten und den Leuten gezeigt. Sie klettern und flitzen durch den Käfig herauf und herunter, benutzen den Schwanz als Hängeseil und lassen sich durch den Käfig schleudern. Die Gitterstäbe benutzen sie als Absprungäste wie im Urwald, aus dem sie kommen.
Es gibt Menschenaffen, die sind sehr groß; Rhesusaffen sind sehr klein. Manche Leute halten sich die Affen als Haustiere, andere Leute gebrauchen das Wort Affe als ein Schimpfwort.

So ein komischer Kopf

Der Stecknadelkopf bewegte sich von links nach rechts. Er machte große Augen, als er merkte, daß er sich nicht durch eigene Kraft aus dem Stoff würde befreien können. Als er es wieder knistern hörte, spitzte er die Ohren, um herauszubekommen, ob die Näherin nun mit dem Heften der Stoffteile fertig wäre. Wenn sie fertig wäre, würde es nämlich nicht mehr lange dauern, dachte sich der kluge Kopf der Stecknadel, bis sie die beiden Kleiderteile fest vernäht hätte. Gewöhnlich ist das dann jener Augenblick, bevor die Näherin den Stecknadelkopf befreit.

Die Geschichte vom Löwen und dem Ballon
oder
Hier ist alles durcheinander

Der Löwe brüllt, das stimmt. Es steht in den Büchern. Ein Ballon ist ein hohler Ball oder eine Korbflasche aus Glas. Das steht nicht in den Büchern. Ein Ballon ist ein Glaskolben oder ein Luftfahrzeug. Auch wenn sie etwas anderes tun und nicht brüllen, sind Löwen Löwen. Es gibt Wetterballone und Fesselballone. Manchmal schlafen sie, natürlich die Löwen, manchmal fressen sie, und dann rennen sie unruhig in ihrem Käfig hin und her. Die Löwen sind nicht gefesselt. Die Fesselballone sind auch nicht gefesselt, und das Brüllen der Löwen ist nichts Besonderes. Denn auch die Menschen können brüllen, und auch Affen können brüllen, sie heißen die Brüllaffen. Natürlich heißen die Affen Brüllaffen und nicht die Menschen. Denn für brüllende Menschen soll man nicht Brüllmenschen sagen, da die Brüllmenschen auch noch anderes tun.
Leute, die mit dem Fesselballon über das Land fliegen, können den Ballon ein bißchen dirigieren. Der Löwe hat eine Mähne, die Löwenmähne. Auch den Löwen kann man dirigieren. Aber nicht mit der Mähne, sondern mit einer Peitsche. Die Leute stehen in einem Korb, der unten an dem großen Ballon hängt, wenn sie über Land fliegen, nicht aber, wenn sie einen Löwen dirigieren. Dann stehen die Leute, der Dompteur und seine Helfer, im Löwenkäfig, und das ist etwas anderes als der Korb, der am Ballon hängt.
Eine Mähne ist immer lang. Deshalb sagt man zu langen Haaren auch bei Menschen Mähne.

Diese Geschichte ist verwirrend. Sie besteht aus zwei Teilen, die vermischt worden sind. Versuchen Sie in einem Gespräch, die Teile zu trennen. Geübt wird hierbei das Erkennen von stimmigen Zusammenhängen, die die Kinder aus bekannten Einzelheiten herstellen. Eine Überforderung muß vor allem an der Stelle des Textes vermieden werden, an der die Trennung nicht mehr möglich ist.

Von der Vorderseite und von der Rückseite

Manche Dinge haben zwei Seiten, eine Vorderseite und eine Rückseite, zum Beispiel der menschliche Körper. Andere Dinge haben die Seiten auf der Seite, nämlich auf der linken Seite und auf der rechten Seite. Ein Rechteck hat vier Seiten. Ein Vieleck hat viele Seiten.
Ein Brief, der zwei Seiten lang ist und auf einem Blatt Papier geschrieben steht, hat eine Vorder- und eine Rückseite. Man braucht das Blatt nur umzudrehen, um auch die Rückseite zu sehen.

Allerlei Gelb

Gelb ist eine Farbe, die viele Dinge tragen. Je nach den Gegenständen ist das Gelb auch immer ein bißchen anders. Bananengelb ist nicht zitronengelb, und sandgelb ist nicht gelbgrün. Gelbe Rüben sind gar nicht gelb, sondern fast rot. Sie heißen auch Möhren und Karotten. Wer die Gelbsucht hat, sieht zwar ein bißchen anders als sonst aus, aber eigentlich nicht richtig gelb, sondern hellbräunlich und dies auch nur im Gesicht.

Kranke essen Diät

Manche Leute müssen Diät halten, wenn sie krank sind. Dann dürfen sie viele Sachen nicht essen, weil sie ihnen schaden würden. Aber einige Sachen wiederum müssen sie essen, weil ihnen das guttut.
Es gibt viele Diätformen, je nach der Krankheit und je nach dem Organ, das betroffen ist: Leberdiät, Magendiät, Gallendiät und Zukkerdiät.
Wer Diät halten muß, freut sich nicht gerade darüber, denn eine solche Kur ist anstrengend, und die Speisen schmecken oft eintönig, und man darf gerade das nicht essen, was man immer gern essen wollte.

Was alles dunkel sein kann

Wenn es dunkel ist, ist es noch nicht ganz finster. Aber wenn es stockdunkel ist, dann kann man auch sagen, es ist finster. Es gibt aber auch dunkle Farben. Sie sind ganz anders als die Dunkelheit. Dunkle Farben sieht man auch nur bei Licht, in der Dunkelheit sind dunkle Farben gar keine Farben mehr, sondern dunkle Flecke.

7

Wie groß ist der Magen?

Der Magen ist ein Sack, in dem die Speisen, die wir gegessen haben, gesammelt werden für die Verdauung. Wenn der Magen voll ist, kann man nichts mehr essen. Man sieht sogar, daß der Magen voll ist; der Bauch wird dann unter der Brust etwas dicker, als er sonst ist. Wo der Magen liegt, spürt man auch dann, wenn man Magenschmerzen hat.

Wie gefährlich die Bakterien sind

Die meisten Krankheiten werden durch Bakterien verursacht. Bakterien kann man nicht sehen, sie sind kleiner als eine Stecknadelspitze. Auch mit einem Vergrößerungsglas kann man sie noch nicht sehen. Erst in einem Mikroskop werden sie sichtbar.
Wer eine ansteckende Krankheit hat, soll nicht mit anderen Menschen in Berührung kommen. Denn die Bakterien, die dann von einem Menschen auf den anderen übergehen, bringen ihm dieselbe Krankheit.

Kennst du die Eigenschaften?

Ein Apfel ist rund. Zwei Äpfel sind rund. Alle Äpfel sind rund. Die Äpfel sind süß oder sauer.
Ein Apfel ist rund. Zwei Äpfel sind rund. Alle Äpfel sind rund. Kann man mit ihnen Ball spielen?
Ein Ball ist rund. Zwei Bälle sind rund. Alle Bälle sind rund. Bälle sind aus Leder oder aus Gummi oder aus Plastik oder aus . . .
Ein Fenster ist durchsichtig. Eine Glastür ist auch durchsichtig. Ein Glasdach ist durchsichtig. Brillengläser müssen durchsichtig sein. Plexiglas ist durchsichtig. Das Fernglas ist durchsichtig. Die Luft ist durchsichtig. Man sieht sie nicht. Das Wasser ist durchsichtig, wenn es sauber ist. Der Nebel ist durchsichtig. Ist der Nebel durchsichtig? Steine sind nicht durchsichtig. Bäume sind nicht durchsichtig.
Wie sind die Äpfel, süß oder sauer?
Kann man die Luft sehen?
Kann man ein Glasdach sehen? Kann man den Nebel sehen?
Kann man durch den Nebel sehen? Kann man durch ein Glasdach sehen?

Zähle Dinge auf, die nicht durchsichtig sind.

Diese Übung lenkt die Aufmerksamkeit auf Eigenschaften und Merkmale. Außerdem sind logische Sachverhalte formuliert. – Für die Antworten auf die Fragen brauchen die Kinder genügend Zeit zur Überlegung. Einzelne Sätze lassen sich dazu verwenden, einen größeren Zusammenhang herzustellen, in dem sie gelten.

Vanille ist ein Gewürz

Es gibt Himbeereis, Schokoladeneis, Zitroneneis und Vanilleeis. Vanilleeis schmeckt nach Vanille, Vanillepudding auch. Alle Speisen,

in denen Vanille ist, schmecken nach Vanille. Deshalb nennt man Vanille ein Gewürz. Die Vanille wird aus einer Pflanze gewonnen.

Was tust du in diesem Fall?

Wenn ich krank bin, lege ich mich ins Bett.
Legst du dich ins Bett, wenn du krank bist? – Ja oder nein?

Wenn die Sonne aufgeht, wird es Tag.
Stimmt das? – Ja oder nein?

Wenn das Telefon klingelt, hebe ich den Hörer ab.
Immer? – Meist oder immer?

Wenn ich Hunger habe, bekomme ich zu essen.
Bekommst du zu essen, wenn du Hunger hast? – Ja oder nein?

Wenn die Eltern verreisen, verreise ich auch.
Verreist du mit deinen Eltern? – Ja oder nein?

Wenn das Feuer brennt, wird die Luft warm.
Überall?

Wenn es schneit, wird es Winter.
Schneit es auch im Frühling? – Ja oder nein?

Testen Sie mit diesen Fragen, was Ihr Kind weiß und ob es Zusammenhänge beurteilen kann. Die Übung benutzt einzelne Wörter, um Zusammenhänge herzustellen und sie zu überprüfen. Die Fragen lassen sich abwandeln und anders beantworten.

Würfel sind Würfel

Mit dem Würfel kann man spielen. Auf jeder Seite hat der Würfel Augen. Das sind Punkte. Wenn man den Würfel geworfen hat, liest man ab, wieviel Augen oben auf dem Würfel zu sehen sind. Wer die meisten Augen gewürfelt hat, hat gewonnen.

Leere und gefüllte Flaschen

Der Flaschenhals
Der Flaschenbauch
Die Flaschenwand
Der Flaschenkopf
Der Flaschenverschluß
Die Flaschenöffnung
Der Flaschenkorken
Das Flaschenetikett
Das Flaschenband
Die Flaschenpost

Gefüllte Flaschen
Leere Flaschen
Verschlossene Flaschen
Umgefüllte Flaschen
Aufgefüllte Flaschen
Schwimmende Flaschen
Grüne Flaschen
Einwegflaschen

Wenn der Flaschenboden fehlt, kann man die Flasche umgedreht halten und sie als Trichter benutzen.

0 8 9 7 6 4 3 1 3 2 1 4
6 4 5 8 3 2 4 1 4 2 3 2
1

KKKK U U

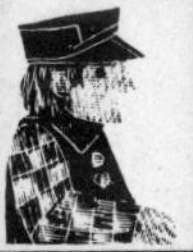

H L M M L E E

T

O O O

Alles ist trocken

Trockene Schuhe
Trockener Fisch
Trockenes Eis
Trockene Haut
Trockene Hosen
Trockene Straßen
Trockene Fenster
Trockene Milch
Trockener Wein
Trockene Luft
Trockene Wäsche
Trockenes Glas
Eine große Trockenheit

Der Kamm, die Kämme

Man braucht den Kamm zum Kämmen oder zum Frisieren. Es gibt Taschenkämme und unzerbrechliche Kämme. Das Kammgarn hat nichts mit diesen Kämmen zu tun, und im Gebirge heißen manche. Bergarten Kamm. Auch diese haben nichts mit den Kämmen zu tun, mit denen man die Haare kämmt. Die Bergkämme sehen aber ein wenig spitz aus wie die Kammspitzen, und das Kammgarn wird wirklich gekämmt.

Die Felsen sind sehr groß

Ein besonders großer Stein heißt immer noch Stein. Erst wenn er so groß ist, daß man nicht mehr auf diesen Stein hinaufklettern kann, und erst wenn er irgendwo an einem Berg hinaufragt oder in ein Tal hinunterstürzt, sagt man Fels, Felsblöcke sind die Teile der Felsen.

Weil sie aber keine kleinen Stücke sind, deshalb sagt man nicht Felsteile oder Felsstücke, sondern Felsblöcke. Wenn Felsblöcke irgendwo herumliegen, sind die Felsen, von denen sie stammen, nicht allzu weit entfernt.

Von Luzern und den Luzernern

Luzern heißt eine Stadt in der Schweiz. Städte haben meist seltsame Namen. Man kann mit ihnen die Stadt benennen oder sagen, wie die Leute in der Stadt heißen: in Luzern wohnen die Luzerner. Oder wie einzelne wichtige Gebäude in der Stadt heißen. Zum Beispiel der Bahnhof in der Stadt Luzern heißt Luzerner Bahnhof. Oder der See, an dem die Stadt liegt, heißt Luzerner See. Oder die Alpen in der Nähe dieser Stadt: es sind die Luzerner Alpen.
Luzern heißt aber auch das Land um die Stadt herum, der sogenannte Kanton. Das ist ein Teil der Schweiz. Die Stadt Luzern liegt im Kanton Luzern, umgeben von den Luzerner Alpen am Luzerner See, der gar nicht Luzerner See, sondern Vierwaldstätter See heißt.

8

Der dicke Po und der lange Po

Der Hintern heißt Po. Es ist das kürzeste Wort, mit dem man den Hintern benennen kann.
Po heißt aber auch ein Fluß in Oberitalien. Es ist der größte Fluß in Oberitalien, er fließt durch die Poebene in das Mittelmeer, in den Teil des Mittelmeeres, der Adria heißt.

Wer darf an Haltestellen halten?

Eigentlich ist überall eine Haltestelle, wo man halten kann. Es gibt aber Verkehrsschilder, die das Halten verbieten. Richtige Haltestellen erkennt man schon von weitem. Sie sind mit einem Verkehrszeichen gekennzeichnet: ein H auf gelbem Grund. An diesen Haltestellen dürfen nur Omnibusse halten, um Fahrgäste ein- oder aussteigen zu lassen. Die Omnibusse dürfen nur an den Haltestellen halten. Sonst dürfen sie keine Fahrgäste ein- oder aussteigen lassen.
An den Haltestellen dürfen Personenautos und Kraftwagen nicht halten. Trotzdem heißen die Haltestellen «Haltestellen». Denn die Autofahrer und die Lastwagenfahrer wissen, daß die Haltestellen, die mit einem gelben Verkehrszeichen markiert sind, nur für Omnibusse und nicht für andere Autos bestimmt sind.

Weißt du den Unterschied?

Die Sonne bewegt sich, der Hund bewegt sich.
Der Hund ist lebendig, ist die Sonne lebendig?

Das Kind bewegt sich, die Fliege bewegt sich, sie fliegt.
Das Kind ist lebendig, ist die Fliege lebendig?

Der Mann geht, der Wind geht.
Der Mann ist lebendig, ist der Wind lebendig?

Das Mädchen fährt auf dem Fahrrad, der Zug fährt auf den Schienen.
Das Mädchen ist lebendig, der Zug ist nicht lebendig.

Der Fisch schwimmt, das Schiff schwimmt.
Der Fisch ist lebendig, das Schiff ist nicht lebendig.

Große Dinge und kleine Dinge

Wie groß ist das Haus?	Zeig mal, wie groß.
Wie groß ist der Mond?	Zeig mal, wie groß.
Wie groß ist die Mücke?	Zeig mal, wie groß.
Wie groß ist der Fisch?	Zeig mal, wie groß.
Wie groß ist die Schraube?	Zeig mal, wie groß.
Wie groß ist die Brille?	Zeig mal, wie groß.
Wie groß ist die Gießkanne?	Zeig mal, wie groß.
Wie klein ist die Maus?	Zeig mal, wie klein.
Wie klein ist die Stecknadel?	Zeig mal, wie klein.
Wie klein sind die Sterne?	Zeig mal, wie klein.
Wie klein sind die Kugeln?	Zeig mal, wie klein.
Wie hoch ist der Tisch?	Zeig mal, wie hoch.
Wie hoch ist das Fenster?	Zeig mal, wie hoch.
Wie hoch ist das Zimmer?	Zeig mal, wie hoch.
Wie hoch ist der Topf?	Zeig mal, wie hoch.
Wie hell ist das Licht?	Zeig mal, wie hell.
Wie hell ist der Mond?	Zeig mal, wie hell.
Wie hell ist das Zimmer?	Zeig mal, wie hell.

Warum kannst du mir nicht zeigen, wie hell das Licht ist? Ich kann das auch nicht. Ich kann auch nicht zeigen, wie hell der Mond ist. Ich kann auch nicht zeigen, wie hell das Zimmer ist.

Dasselbe Wort «groß» trifft verschiedene Sachen und verschiedene Größen. Groß ist nicht gleich groß. Die Übung verlangt, daß die großen Gegenstände auch gezeigt werden. Sie läßt sich variieren mit anderen Eigenschaftswörtern wie dick, dünn, lang oder rund.

Kannst du schon «und» sagen?

Groß, klein, gelb, rot, hart, weich, weiß, dick, frisch, kalt, ruhig, stark, krank, fröhlich, müde, schlapp –
erkrankt, gestorben, verletzt, tot, hoch, spitz, eckig, scharf, neu, kostbar –
senkrecht, waagrecht, links, rechts, oben, unten, vorn, hinten.

Obwohl dieser «Text» nur einzelne Adjektive enthält, kann er zunächst abschnittsweise vorgelesen werden. Daran läßt sich folgende Übung anschließen: «Wir wollen jetzt immer zwei Wörter suchen, die zusammenpassen.» Beispiel: groß und klein. – Wenn das zweite, dazu passende Wort nicht im Text steht, darf es ergänzt werden. Beispiel: kalt und (warm).
Diese Übung läßt sich auch erweitern: Es werden vom Vorleser zwei Ausdrücke durch «und» verbunden, die keinen Gegensatz charakterisieren. Beispiel: krank und schlapp. Oder: Fragen Sie, ob es einen Gegenstand gibt, *der weiß und hart ist, oder nach einem Tier, das kostbar ist und scharf. Wenn das Kind einige Lösungen gefunden hat, dürfen auch solche Verbindungen zur Diskussion gestellt werden, für die es keine entsprechenden Sachen gibt, zum Beispiel müde und rot.*
Das sprachliche Material läßt sich auch in anderem Sinn verwenden, nämlich für eine Übung, in der das Oder- und Aber-Sagen gelernt wird. Das sind wesentlich schwierigere Übungen, deshalb darf der Vorleser die Lösungen selbst finden und sie mit Beispielen in einem Gespräch erläutern.

Von Holland und den Holländern

Die Holländer sprechen eine eigene Sprache: sie klingt so ähnlich wie die deutsche Sprache. Trotzdem versteht man sie fast nicht, denn es ist eben eine andere Sprache, mit anderen Wörtern und einem anderen Klang. Holland liegt an der Nordsee. Es ist ein flaches Land mit vielen Kanälen, mit Viehzucht und großen Fabriken.

Die Geschichte von der Raupe

Es war einmal eine Raupe, die hieß Kalupa. Die Raupe Kalupa hatte ein Raupenkind, das hieß Kalupape. Das Raupenkind Kalupape wurde groß und immer größer, und als es erwachsen war, bekam es ein Kind, das wurde Kalupapolein genannt. Als Kalupapolein groß war, bekam es das Kind Kalupapolipilein. Wie groß mag dieses Raupenkind wohl gewesen sein?

Wenn es Sie stört, daß Raupen Kinder haben sollen, so ersetzen Sie Raupe durch Ziege. Absicht des Textes ist, ein wichtiges Modell zu üben: Teilung bzw. Vermehrung sich vorzustellen, ohne sie direkt zu beobachten. Fordern Sie die Kinder auf, eine ähnliche Geschichte zu erzählen.

Seltsame Reise

Der Hund stieg auf den Esel.
Die Katze stieg auf den Hund.
Der Hahn stieg auf die Katze.
Dann fingen sie an zu krähen, schreien, bellen, wiehern.

Der Hahn stieg auf den Esel.
Der Esel stieg auf den Elefanten.
Der Elefant stieg auf die Bühne.
Von dort stiegen sie alle wieder herunter.

Der Verbrecher verfolgte sein Ziel.
Der Mann verfolgte den Verbrecher.
Der Polizist verfolgte den Mann.
Der Detektiv verfolgte den Polizisten.
Die Verfolger verfolgten alle ein Ziel.

Große und kleine Ballone

Alles mögliche ist ein Ballon: ein hohler Ball oder eine Korbflasche, ein Glaskolben oder ein Luftfahrzeug, das wie ein gefüllter Ball durch die Luft fliegt. Es gibt Wetterballone und Fesselballone. Die Fesselballone sind nicht gefesselt, sie werden so genannt, weil man sie auf dem Boden anbinden, fesseln, kann und sie je nach Ballonfüllung aufsteigen oder wieder herunterkommen können. Leute, die mit dem Fesselballon über das Land fliegen, können den Ballon ein bißchen dirigieren. Sie stehen in einem Korb, der unten an dem großen Ballon hängt.

Traben und galoppieren

Die Pferde können traben. Wenn sie nicht galoppieren und auch nicht müde dahintrotten, sondern es ein wenig eilig haben oder der Reiter sie auf Trab bringt, dann bewegen sie ihre Füße sehr schnell. Sie machen keine großen Schritte, sind aber trotzdem sehr schnell. Es gibt sogar Trabrennen.

Der Ball und die Bälle

Die Bälle sind rot, grün, blau, weiß oder streifig. Aber das ist nicht wichtig. Auch daß sie groß sind oder klein oder aus Leder oder aus Gummi, ist nicht so wichtig. Die meisten Bälle kann man aufpumpen. Billige Bälle werden einmal aufgepumpt, dann sind sie voll Luft. Geht die Luft wieder heraus, dann kann man sie nicht mehr aufpumpen. Man muß sie wegwerfen, denn sie sind wertlos, weil sie nicht mehr springen. Man kann sie auch nicht mehr werfen und nicht mehr fangen. Werfen und fangen kann man sie schon noch, aber nur so, wie man alle Sachen werfen und fangen kann. Sie sind dann, wenn sie kaputt sind, nur noch ein Stück Gummi oder Leder. Es macht keinen Spaß mehr, mit ihnen zu spielen.

9

Wir machen etwas kaputt

Nämlich die Schaufensterpuppenkleider. Wir nehmen etwas weg, dann bleibt noch übrig – die Schaufensterkleider. Wir nehmen etwas weg und tun ein Wort hinzu, dann haben wir die Schaufensterpuppen. Wir nehmen etwas weg, was wir noch nicht weggenommen haben, dann erhalten wir die Puppenkleider. Die Kleider im Schaufenster – die Puppen im Schaufenster – die Schaufenster, die hatten wir weggenommen.

Das Fenster zum Schauen
Die Puppen für die Kleider
Die Puppen zum Anschauen
Die Kleider zum Anschauen
Die Schaufenster zum Anschauen
Die Fenster
Die Puppen
Die Kleider

In diesem Text wird eine Begleiterscheinung des Spielens (Abbau von Spielzeuggebilden) verwendet für den Umgang mit Wörtern. Ziel der Übung ist die mit dem wirklichen Spielvorgang nicht vergleichbare Veränderung der Bedeutungen bei dieser Form des Zerlegens. – Die Übung ist mit anderen Wörtern beliebig wiederholbar.

Nicht ganz kaputt, das ist defekt

Das Wasserrohr ist defekt, es tropft nämlich. Die Schreibmaschine hat auch einen Defekt: die Tasten springen nicht zurück. Der Reifen

am Auto war defekt, das sah man, denn die Luft ging heraus, so daß das Auto nicht mehr weiterfahren konnte.

Gefällt dir das?

Vorleser	Kind	Vorleser
Sag mal: wenn die Tür offensteht	. . .	steht die Tür offen.
Sag mal: wenn das Haus brennt	. . .	brennt das Haus.
Sag mal: wenn der Wald grün wird	. . .	wird der Wald grün.
Sag mal: wenn der Düsenjäger jagt	. . .	jagt der Düsenjäger.
Sag mal: wenn die Autos fahren	. . .	fahren die Autos.
Sag mal: wenn das Radio brummt	. . .	brummt das Radio.
Sag mal: wenn das Essen kocht	. . .	ist es bald Mittag.
Sag mal: wenn die Schweine grunzen	. . .	haben sie Hunger.
Sag mal: wenn der Misthaufen stinkt	. . .	schlägt das Wetter um.
Sag mal: wenn die Haut brennt	. . .	brennt die Haut.
Sag mal: wenn das Geflügel fett ist	. . .	wird es verkauft.
Sag mal: wenn die Maus aus dem Loch kriecht	. . .	freut sich die Katze.
Sag mal: wenn der Staub in den Ecken bleibt	. . .	bleibt er in den Ecken.
Sag mal: wenn die Fensterscheiben zerspringen	. . .	war niemand schuld.

In dieser Übung, die mit verteilten Rollen gesprochen werden soll, gibt es sinnlose oder tautologische und sinnvolle Sätze. Die sinnlosen Sätze lassen sich in sinnvolle verwandeln. Die sinnvollen Sätze dagegen lassen sich in sinnlose verwandeln. Außerdem gibt es zu jedem Vordersatz andere Möglichkeiten der Ergänzung.

Das Rollenspiel kann auch durch ein Gespräch über die Sätze ersetzt werden.

Saft ist Saft

Wer eine Ohrfeige bekommt, die saftig ist, kann auswählen zwischen einer apfelsaftigen, einer orangensaftigen, einer himbeersaftigen und einer johannisbeersaftigen Ohrfeige. Am bittersten schmeckt die Saftohrfeige unreifer Äpfel.

Bevor eine Metapher verstanden wird, läßt sie sich wörtlich begreifen. Der Text zeigt durch die Darstellung einer übertriebenen Wörtlichkeit des Verstehens auf den metaphorischen Sinn von saftig. Dieses Verfahren dient der Einsicht in den Umgang mit Metaphern und bildhaften Ausdrücken. «Man sagt nur so» – denn so, wie es im Text wörtlich heißt, stimmt es nicht.

Wer kann zaubern?

Jemand sagt: das ist fauler Zauber – das heißt, etwas stimmt ganz bestimmt nicht. Was die Zauberer machen, stimmt auch nicht. Sie zaubern, und solange man ihren Trick nicht kennt, glaubt man daran. Im Märchen werden sogar Leute verzaubert. Aber das stimmt auch nicht.

Zauberer treten noch heute in eigenen Vorstellungen auf oder im Varieté. Es gibt sogar eine Zaubererzunft und besondere Bücher für Zauberer, aus denen sie ihre Kunststücke lernen. Die heutigen Zauberer nimmt man nicht mehr ernst, man glaubt nicht an das, was sie vormachen. Früher glaubte man daran.

Wohin mit dem Müll?

Zuerst kommt der Müll in den Eimer. Dann wird der Eimer in den Mülleimer geleert. Der Mülleimer wird an bestimmten Tagen auf die Straße gestellt, dann nämlich, wenn die Müllabfuhr erwartet wird. Die Müllabfuhr fährt den Müll auf die Müllabladestelle. Dort bleibt er liegen. Was ist also Müll?

Tabak brennt und stinkt

In den Zigaretten ist Tabak, in den Zigarren ist Tabak, in den Pfeifen wird Tabak geraucht. Der Tabak ist eine Pflanze, deren große, fleischige Blätter zuerst getrocknet werden müssen, bevor man sie rauchen kann.
Pfeifentabak kann man in Beuteln kaufen. Zigarettentabak wird fein geschnitten, damit er zu Zigaretten verarbeitet werden kann. Zigarettentabak riecht anders als Pfeifentabak. Zigarrentabak riecht nicht so süß wie Pfeifentabak. Jeder Tabak, der zu Rauch geworden ist, stinkt.

Wer trägt Masken?

Hinter Masken kann man sein Gesicht verstecken. Masken setzt man im Fasching auf. Sie bedecken das ganze Gesicht, oft sogar noch den Kopf, nur die Augen und der Mund sind nicht maskiert. Deshalb kann man an den Augen erkennen, wer sich hinter der Maske verbirgt.

Vielerlei Birnen

Eine Glühbirne kann man nicht essen. Sie ist auch nicht grün oder gelb, und sie wächst nicht auf den Bäumen.
Birnen sind Früchte, sie schmecken süß. Sie haben eine gelbe oder grüne Schale, je nachdem, wie reif sie sind oder zu welcher Sorte sie gehören. Pastorenbirnen sind grün und schmecken trotzdem schon süß.
Wenn jemand sagt: du hast eine große Birne, dann kann das aber auch bedeuten: du hast einen großen Kopf. Diese Birne ist auch eine Birne.
«Birne kann alles», so heißt ein Buch für Kinder. Darin wird von einer Birne erzählt, von einer Glühbirne, die Wunder vollbringt.

10

Der Hund und die Familie

Der Hund frißt und bellt.
Die Frau sitzt und schaut.
Der Mann liegt und schläft.
Das Kind spielt.

Das Kind spielt mit dem Hund.
Der Hund bellt, während der Mann schläft.
Die Frau sitzt, und das Kind läuft ihr davon.

Der Mann geht mit dem Hund spazieren.
Die Frau spricht mit ihrem Kind.
Der Mann geht nicht mehr mit dem Hund spazieren.
Die Frau spricht nicht mehr mit dem Kind.
Jetzt kann der Mann mit der Frau sprechen.
Das Kind kann mit dem Hund spielen.

Der Hund spielt nicht mehr mit dem Kind.
Die Frau geht in den Garten, der Mann bleibt im Haus.
Wer bleibt übrig?

Wenn man die Handlungsträger und die Tätigkeiten getrennt auf kleine Kärtchen schreibt, lassen sich auch neue Kombinationen herstellen. Mit den übrigbleibenden Kärtchen läßt sich folgende Denkübung anstellen: Eine bestimmte Kombination von Handlungsträger und Tätigkeit schließt andere Tätigkeiten ein und aus. Welche sind dies? Usw.

Wie viele Schalen hat die Zwiebel?

Zwiebeln kann man schälen. Ganz außen ist eine trockene Haut, die die Zwiebel in der Erde schützt. Wenn man sie abzieht, kommen saftigere Schichten hervor. Wenn man diese Schichten alle abzieht, eine nach der anderen schält, bis man ganz im Innern ankommt, ist die ganze Zwiebel verbraucht.

Frage und Antwort

Ich frage, du antwortest, wie du willst: ja oder nein, alle oder einige, manchmal oder immer oder, das gibt es auch, ich weiß es nicht.
Ist Essig sauer?
Können Fische schwimmen? Alle?
Können Vögel schwimmen?
Sind Kühe dumm?
Gibt es Vierfüßler?
Können Wolken fliegen?
Sind die Bäume im Winter tot?
Haben Eidechsen einen Schwanz?
Können Menschen fliegen?
Sind Käfer schwarz?
Sind Affen grün?
Können Ameisen arbeiten?
Sind Bananen schwarz?
Gibt es Bäume aus Farbe?
Sind alle Enten weiß?
Können Esel lesen?
Haben Füchse einen Schwanz?
Kann man mit Gabeln Suppe essen?
Lassen sich Giraffen reiten?
Gibt es unzerbrechliches Porzellan?

Dieses Fragespiel läßt sich durch sachliche Erörterung der Gründe ergänzen. Ziel des Textes ist der Hinweis auf verschiedene Möglichkeiten der Antwort außer ja und nein, wie dies der Einleitungssatz zeigt.

Ein Rätsel

Mein Vater hat Pferde, die fahren unter einem Dach. Das Dach kann man zurückschieben, und rechts und links die Scheuklappen kann man hochklappen, natürlich nur, wenn man will, man kann auch in die Pferdekutsche hineinsteigen und die Pferde von innen lenken. Hinter den Pferden stinkt es immer. Vorn und hinten haben die beiden Pferde ein Schild, auf dem Nummern stehen, und sie haben zusammen nicht viele Füße, sondern nur vier Füße, und außerdem sind die Füße etwas anderes, und vorn haben die zwei Pferde keine Köpfe, sondern eine Haube.

Wann stinken eigentlich die Pferde?
Und wo sitzt du in dieser Kutsche?
Die Füße sind komisch, denn sie können sich drehen.

Das Auto ist unschwer zu erraten, da einige Ausdrücke nicht verschlüsselt sind. Die Absicht des Textes liegt darin, über eine bekannte Sache mit anderen Ausdrücken zu sprechen. Dieses Spiel läßt sich fortsetzen. Die dem Kinde bekannten Einzelheiten müssen jetzt von ihm übersetzt werden in andere Ausdrücke.

Der Arzt fragt einen Kranken

Arzt: «Haben Sie Schmerzen?»
Kranker: «Ja.»
Arzt: «Haben Sie Fieber?»
Kranker: «Nein.»
Arzt: «Wo haben Sie Schmerzen?»
Kranker: «Im rechten Ohr.»
Arzt: «Seit wann haben Sie Schmerzen?»
Kranker: «Seit übermorgen.»

Was man lernen kann, muß oder soll

Man muß laufen lernen,
man muß schlafen lernen,
man muß essen lernen,
man muß lesen lernen,
das Niesen kann man von selber.

Man muß arbeiten lernen,
man muß kochen lernen,
man muß sich anziehen lernen,
man muß sich waschen lernen,
in die Hose machen kann man von selber.

Man kann fliegen lernen,
man kann fischen lernen,
man kann Auto fahren lernen,
man kann tanzen lernen,
man kann singen lernen,
das Schreien kann man von selber.

Man soll schreiben lernen,
man soll flüstern lernen,
man soll einen Beruf erlernen,
man soll rechnen lernen,
man soll vieles lernen,
nichts, was man lernen soll, kann man von selbst.

In diesem Text geht es um die Wörter können, müssen, sollen und um den Vorgang des Lernens. Fragen Sie, wann die einzelnen Verhaltensformen gelernt werden, wieso, womit usw. – Die Übung läßt sich beliebig erweitern und fortsetzen, indem andere Tätigkeiten durchprobiert werden.

Noch ein Rätsel

Peter erzählt: «Ich habe ein Fahrrad, das hat einen Auspuff, einen Motor und einen Benzintank sowie Scheinwerfer und eine Lichtmaschine.»
Ist Peter ein Angeber, oder hat er das wirklich? Gibt es das überhaupt?
Ich glaube, ja.

Tomaten, Tomaten

Wo wachsen die Tomaten?
In Holland
Im Garten
In Italien
Im Gewächshaus
Auf den Feldern
In den Weinbergen
Auf dem Gemüseacker
An der Hauswand
Im Sommer
Im Herbst
An den Tomatenstauden

Tempo 100, das ist sehr schnell

Autofahrer sagen Tempo. Wer sonst dasselbe sagen will, sagt Schnelligkeit. Man kann schnell fahren oder mit hohem Tempo fahren. Mit Tempo rennen kann man nicht, mit Tempo schreiben auch nicht, mit Tempo singen auch nicht.
Wer aber ganz genau sagen will, wie schnell das Auto gefahren ist, als es den Unfall verursachte, muß das Tempo angeben. Schnelligkeit hundert sagt kein Polizist. Tempo hundert, das ist sehr schnell.

Xaver schreibt man mit X

Das ist ein Vorname, ein ländlicher Vorname. Man kann dieses Wort auch umdrehen, dann heißt es Revax. So heißt niemand, obwohl in diesem Wort dieselben Buchstaben vorkommen. Der erste Buchstabe ist das X bei Xaver. Wenn man diesen Buchstaben auf den Kopf stellt, dann ist der Buchstabe immer noch ein X, und wenn man seine Seiten vertauscht, kommt auch wieder ein X heraus. Der Buchstabe X ist wie ein Gummimännchen. Es fällt immer auf die Füße.

Was ist ein Saal?

Ein großer Raum ist ein Saal. Der größte Raum in einer Wohnung ist das Wohnzimmer. Man nennt das Wohnzimmer aber nicht Saal, denn ein Saal muß viel größer sein. Meist haben die Gasthäuser einen Gasthaussaal. Darin können mindestens fünf Familien speisen. Noch größere Säle findet man in den Rathäusern.

Wo wächst Obst?

Es gibt Himbeeren, Brombeeren, Heidelbeeren und Beeren. Es gibt Äpfel, Birnen, Nüsse, Feigen und Obst. Die Beeren sind die Früchte bestimmter Pflanzen.
Es gibt Obstbauern, Obsthändler, Obstbäume und Obstverkäufer. Wer Obst eingekauft hat, kann entweder nur Äpfel oder nur Birnen oder Äpfel und Birnen eingekauft haben. Aber er muß nicht alles, was Obst heißen kann, eingekauft haben. Steinobst zum Beispiel kann fehlen. Das sind nämlich alle die Obstarten mit einem Stein, also Pflaumen, Kirschen und Aprikosen.
Auf dem Markt an den Verkaufsständen gibt es Obst. In den Läden gibt es auch Obst.

D

Von Rot bis Lila ist alles rot

Ampeln werden auf Rot geschaltet, damit man stehenbleibt. Wer zornig ist, bekommt einen roten Kopf. Entzündete Augen sind rot. Rote Rosen kann man kaufen und verschenken. Heiße Rote sind Würste, die gar nicht richtig rot aussehen. Wer rot wird im Gesicht vor Scham, ist noch lange nicht so rot wie ein rotes Auto. Rotes Blut aber ist richtig rot. Rote Erde ist fast braun, und Zinnoberrot ist sehr hell. Rote Grütze sieht schon fast lila aus. Karminrot ist immer noch rot. Wenn man weiß, was Purpur ist, weiß man auch, wie Purpurrot aussieht. Es gibt viele Rottöne, aber nur ein Rot.

Was ist Luxus?

Ein Federhalter ist kein Luxus, denn man braucht ihn zum Schreiben. Wenn er aber aus Gold ist, dann ist es ein Luxusfederhalter, denn niemand braucht das Gold zum Schreiben. Genauso ist es beim Auto: Man braucht es zum Fahren. Es hat einen Motor, Räder und eine Karosserie. Wenn aber die Sitze mit Leder überzogen sind und der Motor so stark ist wie der in einer Eisenbahnlokomotive, dann ist es ein Luxusauto, denn das alles braucht man nicht zum Autofahren.

Nicht nur die Fliegen sind Insekten

Fliegen und Käfer und Raupen und Schmetterlinge und Mücken und Libellen und Heuschrecken und Grillen und Schnaken und Läuse und Bienen und Wespen heißen alle Insekten. Nicht, weil die meisten von ihnen fliegen können oder weil manche ein bißchen lästig sind und uns stechen oder ärgern können, sondern weil ihre Körper ähnlich gebaut sind. Zuerst kommt der Kopf, dann der Oberkörper, dann der Leib, dazwischen sind immer Einkerbungen und Gelenke für die Beine. Außerdem haben alle Insekten einen mehr oder weniger starken Panzer, der aus Chitin ist. Ob die Ameisen auch Insekten sind?

Von der Milch zum Quark

Das ist ein lustiges Wort. Die Bayern sagen zu Quark Topfen. Wahrscheinlich, weil der Quark im Topf entsteht, wenn die Milch zu lange drin stehenbleibt und sauer wird. Die Schwaben sagen zu Quark Luckeleskäs, wahrscheinlich, weil man aus dem Quark Käse machen kann und es eigentlich schon Käse ist, bevor er bearbeitet wird zu richtigem Käse. Aus demselben Grunde heißt Quark auch Frischkäse. Man schmeckt keinen Unterschied, ob es schon Käse oder noch Quark ist, so frisch ist der Käse.

**Von der Zwiebel über den Garten auf
den Tisch zur Suppe**

Zwiebel   Gartenzwiebeltischsuppe
Garten   Gartensuppentischzwiebel
Suppe   Suppensuppenzwiebeln
Zwiebelsuppe   Gartengartentische
                               Zwiebelzwiebelgarten

Gartenzwiebel
Suppengarten   Zwiebeltischgartengarten
Gartentisch   Suppentischzwiebelnzwiebeln
                               Gartenzwiebelnsuppentisch

Suppentischzwiebel
Gartensuppe   Suppen
Zwiebeltisch   Garten
Gartentischzwiebelsuppe   Tisch

Die durch willkürliche Verbin- sprachlich ausgedrückt werden,
dung gebildeten neuen Wörter   die in den Wortverbindungen
können befragt werden, ob sie   stecken. Im übrigen kann der
etwas Wirkliches meinen. Es   Text auch ausschließlich vorge-
können die Zusammenhänge   lesen werden.

11

Warum der Fingerhut kein Hut ist

Der Fingerhut ist aus Metall. Er läßt sich auf den Mittelfinger stecken, man verwendet ihn beim Nähen, damit die Nadeln, wenn man sie in den Stoff hineinschieben will, nicht die Fingerkuppe durchbohren. Seine Oberfläche ist deshalb etwas griffig. Wenn man ihn herunterzieht vom Finger und umdreht, ist er ein ganz kleines Gefäß – ein Hut ist der Fingerhut auf keinen Fall. Er sieht nur so aus.

Wäre der Fingerhut ein Hut, dann müßte die Fingerkuppe ein Kopf sein.

Wer kann Sätze reparieren?

Die Feuerwehr löscht mit Salzwasser.
Die Hausfrauen waschen mit Kühlwasser.
Die Bauern düngen mit Trinkwasser.
Die Bergleute sammeln Regenwasser.
Die Waschmaschinen waschen mit Schmutzwasser.
Das Grundwasser regnet vom Himmel.
Das Wasserwerk versorgt uns mit Löschwasser.
Das Vieh auf der Weide trinkt am liebsten Meerwasser.
Das Regenwasser wird aus dem Grundwasser in den Himmel gepumpt.

Löscht die Feuerwehr mit Feuerwehrlöschwasser?
Waschen die Hausfrauen mit Hausfrauenwaschwasser?
Sammeln die Bergleute Bergleutewasser?
Das stimmt auch nicht.

Die Feuerwehr löscht mit Wasser.
Die Feuerwehr löscht mit Flußwasser.
Die Feuerwehr löscht mit Trinkwasser.
Die Hausfrauen waschen mit Wasser.
Die Hausfrauen waschen mit Leitungswasser.
Die Hausfrauen waschen mit jedem Wasser.

Die Bauern düngen mit Trinkwasser auf keinen Fall.
Die Bergleute sind nicht auf dem Berg, sondern im Bergwerk, in dem es nicht regnet.
Das Vieh auf der Weide trinkt das Wasser aus den Trögen. Meerwasser ist viel zu salzig.

Nur das Grundwasser regnet vom Himmel, aber es heißt, solange es regnet, nicht Grundwasser, sondern Himmelwasser. Nein, das Himmelwasser ist der Regen. Der Regen kommt aus den Wolken. Wenn er in der Erde versickert ist, bildet er das Grundwasser.

Wieviel sind ein paar?

Ein Paar Schuhe sind zwei Schuhe, ein paar Nüsse können viel mehr sein. Wer zwei Nüsse hat, sagt nicht, ich habe ein paar Nüsse. Bei einem Paar Schuhe gehört der rechte Schuh zum linken Schuh. Zwei Nüsse gehören nicht zueinander. Wer mehrere Schuhe, einzelne oder Paare hat, sagt nicht, ich habe Paare von Schuhen oder ein paar Paare. Am besten, man sagt dann, ich habe viele Schuhe.

Ein paar Nüsse sind noch nicht viele Nüsse. Ein paar Nüsse sind auch nicht wenige. Fünf oder sechs Nüsse sind ein paar Nüsse. Wenn man keine Nüsse mehr verschenken will, also von fünf Nüssen vielleicht nur noch drei hat, dann sagt man, ich habe nur noch wenige Nüsse, ich kann nicht mehr allen eine schenken.

Kennst du das?

Es gibt gelbe Insekten.	Wenn sie sehr groß sind, dann heißen sie . . .
Es gibt schwarze Tiere.	Wenn sie Hufe haben, dann heißen sie . . .
Es gibt kleine Leute.	Wenn sie Eltern haben, dann sind es . . .
Es gibt schwarze Autos.	Wenn sie auf dem Dach ein Lichtzeichen haben, dann sind es . . .
Es gibt grüne Bäume.	Wenn sie Nadeln haben, dann heißen sie . . .
Es gibt kleine Fahrräder.	Wenn sie einen Motor haben, dann heißen sie . . .
Es gibt weiße Flüssigkeit.	Wenn sie von den Kühen ist, dann ist es . . .

In dieser Übung werden konkrete Merkmale mit allgemeinen Begriffen verbunden. Durch ein weiteres Merkmal im wenn-Satz läßt sich das spezifische Objekt dann finden. Geübt werden hierbei sowohl Bedeutungsunterschiede wie auch Wortbildung und neue Wörter. Das Spiel läßt sich als Rätsel mit vertauschten Rollen verwenden, indem die Kinder die Eltern fragen.

Sind Geräte Apparate?

In einem Tonbandgerät läuft ein Tonband. Ein Fotoapparat ist kein Gerät, sondern ein Apparat.
Küchengeräte helfen beim Kochen. Gartengeräte verwendet man im Garten. Zu einem Fernsehapparat kann man auch Fernsehgerät sagen. Je komplizierter ein Gerät ist, desto leichter kann es beschädigt werden.

Glas, Steine und Sterne

Das Glas ist auf den Boden gefallen, aber es ist nicht zerbrochen.
Das Glas ist auf den Boden gefallen, und es ist zerbrochen.
Der Stein ist hart, aber mit dem Hammer kann man ihn zerschlagen.
Der Stein ist hart, und man kann ihn nicht mit einem Hammer zerschlagen.
Der Stein ist hart, und er ist aus Granit.
Die Sterne stehen auch tagsüber am Himmel, aber man sieht sie nicht.
Die Wolken bewegen sich, aber sie sind nicht lebendig.
Die Fische fliegen nicht, aber sie können schwimmen.
Die Sterne sprechen nicht, aber sie sind schön.
Es regnet nicht, aber es ist zu kalt draußen.
Die Sonne scheint nicht, aber es ist warm draußen.
Kürbisse werden sehr groß, aber sie schmecken nicht gut.
Das Essen war gut, aber es war zu teuer.

Wie war das Essen?
Wie war es draußen?
Was können die Fische?
Wo sind die Sterne tagsüber?
Wie ist der Stein?
Wie schmecken die Kürbisse?

Der Text gibt eine gute Gelegenheit, sich über den Wissensstand der Kinder zu orientieren. Die Übung zielt außerdem auf eine Differenzierung solchen Wissens mittels sprachlicher Varianten. Die Fragen am Schluß können als Kontrolle eingesetzt werden, sie müssen aber nicht unbedingt gestellt werden. – Bei mehrmaligem Vorlesen kann auch ein Austausch von «und» und «aber» versucht werden. Das ist in einigen Fällen möglich, in einigen Fällen jedoch nicht möglich.

Was wäre, wenn . . .

ein Gebäude aus Wasser wäre,
Wasser aus Sand . . .
Gras aus Käse . . .
Fische aus Kaugummi . . .
Telefone aus Eiswürfeln . . .
Glasscheiben aus Zeitungspa-
pier . . .
Räder aus Holz . . .
und Wolken aus Gummi wären.

Es ist, weil . . .

Fenster sind aus Glas, weil . . .
Gebäude sind aus Stein, weil . . .
Bäume sind aus Holz, weil . . .
Berge sind aus Stein, weil . . .
Draht ist aus Metall, weil . . .

Das Radio und der Ozeanriese

Radios sind Geräte.
Geräte sind Erfindungen.
Erfindungen sind teuer.

Häuser sind Gebäude.
Gebäude sind Bauwerke.
Bauwerke sind Architektur.

Ein Dampfer ist ein Schiff.
Ein Schiff fährt auf dem Wasser.
Auf dem Wasser fahren Ozean-
riesen.
Ozeanriesen sind große
Dampfer.

Korn und Körner

Kleine, runde oder längliche Kügelchen heißt man Körner. Die richtigen Körner gibt es in den Pflanzen, die man Korn nennt. Sie werden
auf großen Feldern angebaut, weil man ihre Körner zu Mehl und
Mehl zu Brot verarbeiten kann. Alle die verschiedenen Pflanzen,
deren Körner zu Mehl verarbeitet werden können, nennt man Getreide. Es gibt Weizen, Hafer, Gerste und Roggen. Aus dem Roggen
gewinnt man Schwarzmehl, aus dem Weizen Weißmehl. Aus dem
Gerstensaft braut man sogar Bier. In manchen Gegenden wird aus
dem Korn auch ein Schnaps hergestellt. Diesen nennt man dann
ebenfalls Korn oder Kornschnaps.

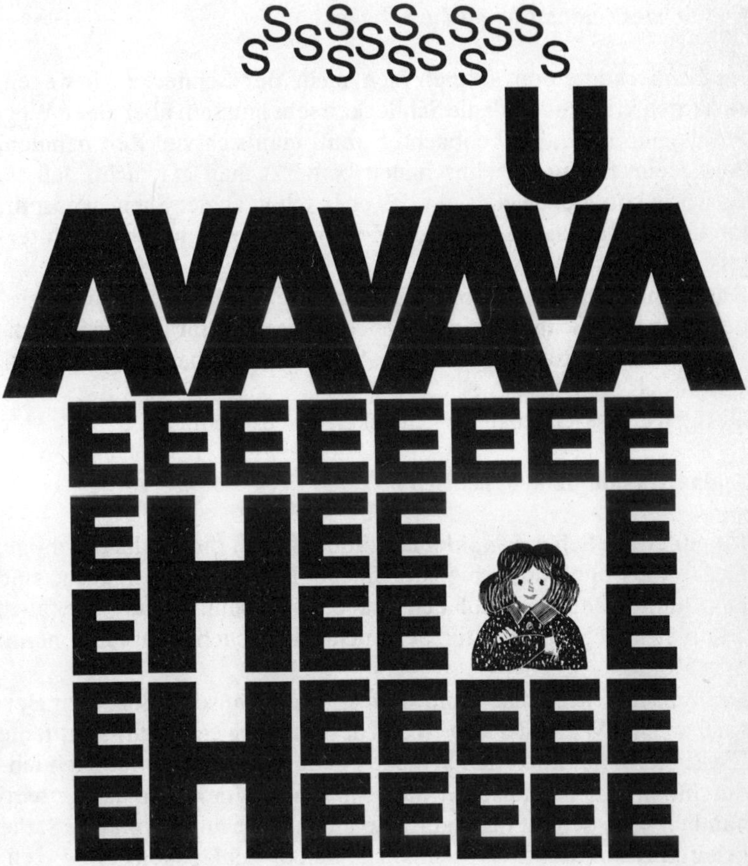

Das Schneckentempo und die Schnecke

Im Schneckentempo können sich nicht nur Schnecken bewegen. Natürlich kriechen auch die Schnecken sehr langsam über einen Weg. Wenn man sie dabei beobachtet, muß man sich viel Zeit nehmen, denn beim flüchtigen Hinschauen bemerkt man gar nicht, daß sie vorwärts kommen. Man sieht das eher schon an der Schneckenspur, die sie als klebrige, glänzende Zeichnung auf dem Boden hinterlassen.

Das Schneckenhaus ist ein Gang, in den sich die Schnecke zurückziehen kann. Das Schneckenhaus sieht aus wie eine Spirale. Die Schneckenspirale ist natürlich kein Haus. Ein Schneckenhaus ist eben etwas anderes als ein Haus.

Übrigens: Wasserschlangenschnecken gibt es nicht.

Schläuche sind immer elastisch

Es gibt viele Schläuche, kleine, dünne, lange, dicke, durchsichtige, undurchsichtige und farbige Schläuche. Die meisten Schläuche sind aus Gummi, denn ein Schlauch muß biegsam sein. Heute gibt es auch schon Schläuche aus Plastik. Schläuche, die nicht biegsam sind, nennt man Rohre.

Die meisten Schläuche kann man irgendwo anschließen, zum Beispiel an eine Wasserleitung. Wenn der Schlauch ein Loch hat, tritt die Flüssigkeit, die durch den Schlauch gepumpt wird oder einfach hindurchläuft, an der falschen Stelle heraus. In den Schläuchen wird nämlich irgendeine Flüssigkeit von einer Stelle an eine andere Stelle geleitet. Besonders kleine Schläuche heißen Schläuchelchen.

Klinik und Krankenhaus

Im Krankenhaus werden die Leute behandelt, die zu Hause nicht gesund werden können. In den Krankenhäusern gibt es Ärzte und Krankenschwestern und besondere Geräte und Arzneien, damit man

rasch gesund wird. Kliniken sind auch Krankenhäuser. In die Klinik kommt man aber nur mit bestimmten Krankheiten. In die Frauenklinik kommen die Frauen mit Frauenkrankheiten, in die Hals-Nasen-Ohren-Klinik alle Kranken, die im Hals oder in der Nase oder in den Ohren eine Krankheit haben. In der chirurgischen Klinik werden zum Beispiel die Beinbrüche behandelt und in der Hautklinik die Hautkrankheiten. So viele Krankenhäuser kann sich nicht jede Stadt leisten. Nur in den Universitätsstädten, wo die Ärzte ausgebildet werden, gibt es so viele Krankenhäuser, daß man sie Kliniken nennen kann.

Was ist Ebbe?

Wer schon einmal am Meer war, weiß, was das ist. Wenn das Wasser vom Ufer sich entfernt und hinausströmt, dann ist Ebbe; wenn es wieder zurückkommt, dann ist Flut. Die meisten Leute wissen auch, wieso das Wasser einmal hinaustreibt und dann wieder zurückflutet: Je nach der Stellung des Mondes entsteht Ebbe und Flut durch die Anziehungskraft, die der Mond auf die Erde ausübt. Und weil der Mond um die Erde herumwandert und er von dem Küstenstreifen, an dem man Ebbe und Flut beobachten kann, zu verschiedenen Zeiten verschieden weit entfernt ist, deshalb geht das Wasser einmal hinaus und kommt dann, wenn der Mond weg ist, wieder zurück.
Manche Leute sagen aber auch: es ist Ebbe in meinem Geldbeutel. Dann meinen sie, daß das Geld fortgegangen ist und sie keines mehr haben.

Ein Zettel Papier

Papier ist Papier, und Zettel sind Zettel. Wenn man ein kleines Stück Papier braucht, auf das man etwas schreiben will, nimmt man einen Zettel Papier. Man braucht gar nicht zu sagen, daß man einen Zettel Papier nimmt, weil ein Zettel immer aus Papier ist.

Wer ist der Druckfehlerteufel?

Es gibt Schreibfehler und Druckfehler. Wörter, in denen Buchstaben verwechselt sind oder falsch gedruckt sind, enthalten Druckfehler. Bevor ein Text gedruckt wird, müssen die Buchstaben vom Setzer zu Wörtern zusammengesetzt werden. Wenn man die Fehler, die beim Setzen eines Textes entstehen, beim Durchlesen einer Druckprobe nicht bemerkt, bleiben sie stehen. Oft entstehen durch Druckfehler lustige Wörter, zum Beispiel statt Mama vielleicht Tama, oder statt Kind vielleicht Kund, oder statt Hund vielleicht Hind, und statt Druckfehler vielleicht Puckfehler.

Weil diese Wörter so lustig aussehen und weil sie zufällig zustande kommen, deshalb sagt man, hier war der Druckfehlerteufel am Werk. Wer ist der Druckfehlerteufel?

Niemand und jemand

Jemand fragt ein paar Kinder, wie spät es ist. Da diese Kinder keine Uhr haben, wissen sie es nicht. Kein Kind weiß es. Niemand weiß es. Es ist niemand zu Haus. Die Handschuhe gehören niemand. Natürlich haben sie einmal jemand gehört, aber weil sich keiner meldet, sagt man, sie gehören offenbar niemand.

Niemand kennt ihn. Der Bub sagt, wie er heißt und woher er kommt, er hat sich verlaufen und weiß nicht mehr, wie er nach Hause kommt. Die Leute, die ihn kennen, sind nicht da. Die Leute, die da sind, kennen ihn nicht. Keiner von ihnen kennt ihn. Niemand kennt ihn. Dort, wo er zu Hause ist, kennt man ihn natürlich. Dort kennen ihn alle. Anderswo kennt ihn niemand.

Kind, Frau und Mann

Ein Kind sitzt, eine Frau schläft, ein Mann läuft. Nach einer Weile sitzt das Kind nicht mehr, es schaut. Die Frau läuft, und der Mann sitzt. Später schläft der Mann, und die Frau sitzt. Wer ist jetzt noch nicht gelaufen?
Es könnte ja sein, daß alle drei Personen sitzen, das Kind, die Frau, der Mann. Dann können sie weder schlafen noch etwas anderes tun. Wenn alle schlafen, ist das ganz einfach. Wenn alle laufen, können sie nicht schlafen und nicht sitzen.
Und wenn der Mann ißt und alle sitzen, was können dann die Frau und das Kind tun, solange der Mann ißt?

Ist das so?

Ein Gefräßiger frißt,
ein Hungriger ißt,
ein Durstiger trinkt,
eine Schlafmütze schläft.

Wenn ein Gefräßiger frißt, warum hungert dann ein Hungriger nicht? Wenn eine Schlafmütze schläft, warum durstet dann ein Durstiger nicht?

Warum ist der Kreis rund?
Weil ein eckiger Kreis kein Kreis ist.
Warum sind Holzpantoffeln nicht aus Kartoffeln?
Kannst du auch solche Fragen stellen?

Alle Zeilen dieser Übung lassen sich zunächst daraufhin prüfen, ob die Aussagen möglich sind oder ob sie sinnwidrig sind. Die Übung bezweckt, die Aufmerk- samkeit auf das Gemeinsame in den Wörtern zu lenken. Die Übung ist als Frageübung und Anknüpfungspunkt für Gesprä- che verwendbar.

Ein großes O

Das schöne große O ging durch den Zoll, es hatte eine Tonne voll von einem Otto ohne Soll.
In Rom, da kam es schnell in Not, es ging zum Onkel und holte sich viel Stroh und Gold.

Zu Ostern lief es durch den Odenwald und kaufte Obst und Rosen ein.
Und wenn es nicht gestorben ist, dann geht es heute noch im Odenwald spazieren.

Wo ist das O zu Ostern?
Wo kam das O in große Not?
Was holte das O beim Onkel?
Was tat das O im Odenwald?
Wo ist das O geblieben?

Sag mal Otto	...	Foto, Foto
Sag mal Rosen	...	In die Hosen
Sag mal Tonne	...	Eine Sonne
Sag mal Zoll	...	Alles voll

Dieser Text enthält eine Hör- und Sprechübung. Der Unsinn dieser Sätze bezweckt etwas sehr Sinnvolles: daß das O als Vokal auffällig wird. Dem dient auch die sich anschließende Frageübung und Sprechübung.

Was ist Kupfer?

Kupfer ist ein Metall. Es rostet nicht, ist aber selbst von rötlicher Farbe. Weil es nicht rostet, kann man es überall dort verwenden, wo ein Metall nicht rosten darf. Da es aber sehr teuer ist, kann man es doch wieder nicht überall verwenden, wo etwas nicht rosten darf.

Außerdem ist es sehr schwer. Elektrische Leitungen im Freien zum Beispiel sind oft aus Kupfer. Früher waren auch die Töpfe aus Kupfer. Heute gibt es Edelstahl, der nicht rostet. In Töpfen, die rosten, kann man kein Essen kochen. Kupfer bleibt auch nicht immer glänzend und sauber. Wenn es eine Zeitlang nicht gepflegt wird, überzieht es sich mit grüner Farbe, dem sogenannten Grünspan. Der Rost zerstört das Metall, der Grünspan aber schadet dem Kupfer nicht.

Ist Grau eine Farbe?

Schwarz und Weiß sind keine Farben, und Grau ist auch keine Farbe. Trotzdem kommt sie im Farbkasten vor. Wenn etwas Dunkles heller ist als schwarz, dann sagt man, es ist grau. Wenn man ein weißes Gefäß hat, das nicht mehr ganz weiß ist, dann kann es auch schon grau sein. Grau ist zwischen Schwarz und Weiß. Deshalb gibt es ein Dunkelgrau und ein Hellgrau. Man kann es selber herstellen. Nimmt man weiße Farbe und schwarze Farbe und mischt man sie, so entsteht Grau. Nimmt man wenig schwarze Farbe, so entsteht Hellgrau, nimmt man viel schwarze Farbe, so entsteht Dunkelgrau. Auch alle anderen Farben, die leuchtenden, lassen sich mit Schwarz und Weiß mischen; dadurch werden sie grau. Es gibt deshalb Grüngrau, Blaugrau, Rotgrau, Gelbgrau usw. Bei den meisten sieht man aber das Grau nicht mehr in der Farbe, sondern nur an der Leuchtkraft: sie leuchten weniger, sie sind ein bißchen ergraut.

Die Mosel fließt von links in den Rhein

Die Mosel ist ein Nebenfluß des Rheins. Sie fließt von der linken Seite in den Rhein. Sie kommt von Westen, aus Frankreich nämlich, und sie zieht in sehr ähnlichen Windungen und Bögen durch das Moselland. An der Mosel wächst Wein.

Der Main fließt bei Mainz in den Rhein

Der Main fließt von Ost nach West. Er kommt aus Franken, und er
mündet in den Rhein. Unterwegs biegt er einmal nach Norden ab,
einmal nach Süden; auf der Landkarte sieht er aus wie eine Schlange.
Der Main ist ein Nebenfluß des Rheins. Es gibt noch andere Nebenflüsse des Rheins. Auch der Main hat wieder Nebenflüsse: das sind
die kleineren Flüsse, die in ihn einmünden, wie zum Beispiel die
Tauber. Es gibt viele Städte, die nach den Flüssen benannt sind.

Wo liegt die Normandie?

Die Normandie liegt an der Westküste Frankreichs. Sie heißt nach
den Bewohnern, die vor vielen Jahrhunderten in dieses Land kamen:
sie hießen Normannen. Heute sagt man zu den Bewohnern, die in der
Normandie wohnen, nicht mehr Normannen, sondern Franzosen.
Die Franzosen wohnen auch in anderen Landschaften Frankreichs,
zum Beispiel im Elsaß, am Mittelmeer, in Lothringen und in der
Bretagne.

Was ist ein Körper?

Es gibt regelmäßige Körper und unregelmäßige Körper.
Jeder Mensch hat einen Körper. Er ist von der Haut eingeschlossen,
und in ihm sind die Knochen, die Muskeln, die Blutbahnen und alle
Organe.
Ein Baukörper enthält Räume im Inneren. Ein Hohlkörper enthält
einen Hohlraum. Geometrische Körper sind regelmäßig. Auch der
menschliche Körper ist ein wenig regelmäßig: zwei Arme, zwei Beine, zwei Hände, zwei Augen sind rechts und links regelmäßig oder
symmetrisch angeordnet.

S

Fall und Unfall

Die Treppe herunterfallen, das ist ein Unfall. Wenn zwei Autos zusammenstoßen, sagt die Polizei: Unfall. Wer sich ein Bein bricht, muß nicht in einen Unfall verwickelt sein; man kann von einer Mauer herunterspringen und sich das Bein brechen. Das ist kein Unfall – oder vielleicht doch: man wollte sich das Bein nicht brechen, sondern nur von der Mauer herunterspringen. Einen Unfall kann man nicht wollen. Wer einen Unfall absichtlich begeht, handelt wie ein Verbrecher.

Viele Wörter sind noch kein Text

Auf einem Blatt Bapier steht ein Text. Das sind Wörter, die auf das Papier geschrieben oder gedruckt worden sind. Nicht immer aber sind Wörter auf einem Papier ein Text. Die Wörter müssen etwas erzählen. Wenn sie nichts erzählen, dann ist es kein Text.
Als Beispiel kommt jetzt etwas Gedrucktes, das kein Text ist: immer, gestern, Mütze, Wiese, hatten, nie mehr, doch, Berge, Kupfer, gegessen, Terror, dumme, alles, heute. Das sind Wörter, aber diese Wörter sind kein Text.

13

Bonbon kann man übersetzen

Dieses Wort kommt aus dem Französischen. Es heißt gut-gut, aber eigentlich dürfte man nicht so sagen, denn die Bonbons schmecken süß. Süß-süß sagt aber niemand, und der Zahnarzt sagt nicht einmal gut-gut, sondern schlecht-schlecht, weil das Bonbon an den Zähnen frißt. Süßigkeiten kann man auch nicht sagen, denn auch der Zucker ist süß, aber er ist kein Bonbon. Also sagt man Bonbon, auch wenn es nicht gut ist für die Zähne und manche nicht nur süß, sondern auch klebrig sind oder säuerlich und gefärbt oder zäh und hart wie ein Stein.

Zibebe ist süddeutsch

Die meisten Leute sagen Rosinen, wenn sie Zibeben meinen. Nur in Süddeutschland sagt man gern Zibeben. Das Wort ist aber gar kein deutsches Wort, es kommt aus dem Arabischen und Italienischen. Trotzdem ist es ein sehr schönes Wort.

Schöne Farben

Gelb, grüngelb, zitronengelb, honiggelb, blaßgelb.
Rot, karminrot, zinnoberrot, braunrot, dunkelrot, hellrot, blutrot.
Blau, himmelblau, blaulila, dunkelblau, grünblau, stahlblau, blaß-blau, veilchenblau.
Wie heißen die Gelb, wie heißen die Rot, wie heißen die Blau?

Der Farbenkreis dreht sich:
Gelb, rot, blau – blau, rot, gelb.
Gelb, grün, rot, lila, blau, orange, schwarz – schwarz, orange, blau, lila, rot, grün, gelb.

Grüne Zitronen, schwarze Zitronen, gelbe Zitronen – gibt es die?

Welche Farbe trägt der Pfarrer?
Welche Farbe hat das Dach?
Welche Farben gibt es im Wald?

Was die Farben erzählen

Ein grünes Auto ist im Wald und auf den Wiesen schlecht zu sehen. Warum wohl?
Rosa Seife ist gefärbt, aber sie wäscht nicht besser als weiße Seife. Warum wohl?
Gelbe Limonade schmeckt süß, Zitronen schmecken sauer, und sie sind doch auch gelb. Was schmeckt da süß und was schmeckt da sauer?
Wenn es geregnet hat, sind das Pflaster und der Asphalt auf den Straßen schwarz. Wenn der Regen trocknet, werden der Asphalt und das Pflaster wieder grau. Wo ist jetzt das Schwarz?
Heiße Rote werden kalt verkauft. Man muß sie in heißes Wasser legen, dann sind es erst heiße Rote. Rot ist nicht heiß, wer ist denn hier heiß bei den heißen Roten?
Blasse Blumen kann man blau und rot und gelb färben. Goldene Nüsse sind auch gefärbt.
Manche Vögel sind grün wie das Gras. Ist das ein Vorteil?
Die Fische sind blau wie das Wasser oder grün oder rot. Welche Fischfarbe gefällt dir am besten?
Die Maus ist grau wie die Erde. Weiße Mäuse sieht man nicht auf den Feldern, sondern nur in den Käfigen.
Die Katzen können weiß sein, Kaninchen können auch weiß sein. Weiße Hasen und weiße Katzen auf den Feldern sind selten.
Es gibt Hunde, die sind schwarz wie die Raben. Die Hunde bellen, die Raben bellen nicht.
Die Katzen miauen, die Kaninchen miauen nicht.
Fische und Mäuse sind stumm.

Sachliche Zusammenhänge lassen sich erst dann verstehen, wenn sie sprachlich bewältigt werden. Dieser Text bietet in einem bestimmten Bereich hierfür sprachliches Material an. Beobachten Sie die Einstellung Ihres Kindes zu den Farben. Testen Sie die Denkhaltung und den Realitätssinn.

Alles ist verkehrt. Ist alles verkehrt?

Die Sonne scheint, es wird neblig.
Der Wind weht, bald kommt ein Regen.
Ein Gewitter zieht auf, es wird sehr schön werden.
Die Wolken bedecken den Regen.
Der Sturm weht, es ist sonniges Wetter.
Das Gewitter trocknete den Boden aus, und bald wird die Abendsonne die Nacht erhellen.

Am Morgen gibt es das Mittagessen.
Zu Mittag gibt es das Abendessen.
Am Abend gibt es das beste Frühstück.

Peter putzt seine Schuhe selber. Er nimmt die Zahnbürste und streicht Schuhcreme auf die Schuhe. Dann nimmt er eine Zeitung und bürstet die Schuhe so lange, bis sie auf Hochglanz poliert sind.
Die Tassen stehen im Schrank, die Krawatte liegt auf dem Bücherbord, die Messer stecken in der Wand, die Pullover hängen im Bad, die Gießkanne steht im Flur, die Löffel liegen im Schreibtisch, und der Teppich hängt an der Wand.
Peter bindet sich den Löffel um, er setzt sich die Tasse auf und legt den Pullover auf den Boden.

Wie viele «zu» gibt es?

Das Loch ist zu. Die Leute sind zu Haus. Zuviel Eier kann man auch sagen. Zu was nimmst du den Hammer, kann man nicht sagen. Besser ist, wozu nimmst du den Hammer. Es gibt viele «zu». Die meisten «zu» findet man vor Wörtern, die auch ohne das «zu» schon etwas bedeuten. Zum Beispiel: Fahrt wird zu Zufahrt. Oder ein Fall wird zum Zufall. Ein Fall kann auch ein Zufall sein. Eine Fahrt ist aber nicht dasselbe wie eine Zufahrt. Warum wohl?

Auf Fragen muß man eine Antwort geben

Warum kann das nicht aufhören, daß du die Nachrichten hörst?
Weil die Nachrichten nicht aufhören, höre ich nicht auf, die Nachrichten zu hören.

Warum hörst du jeden Tag die Nachrichten?
Weil jeden Tag andere Nachrichten kommen.

Warum kommen jeden Tag in den Nachrichten andere Nachrichten?
Weil jeden Tag etwas anderes geschieht, das in den Nachrichten erzählt wird.

Warum wird in den Nachrichten erzählt, was jeden Tag anderes geschieht?
Weil die Leute wissen wollen, was jeden Tag anderes geschieht.

Wenn aber jeden Tag etwas anderes geschieht, warum wollen die Leute dann wissen, was anderes geschieht?
Weil die Leute nicht immer dasselbe wissen wollen. Wenn jeden Tag dasselbe geschehen würde, dann müßte man nur einmal Nachrichten hören, denn dann würde jeden Tag dasselbe in den Nachrichten erzählt werden.
Stimmt das?

Was es gibt und was fehlt

Der Milchmann verkauft Milch, Käse und Eier.
Die Milch ist ausverkauft. Jetzt hat er nur noch . . .
Gestern waren die Milch und die Eier ausverkauft. Es gab nur noch . . .
Wenn alles verkauft ist, Milch, Eier und Käse, dann gibt es . . .

Der Metzger verkauft Fleisch, Wurst und Konserven.
Heute hat er schon alles Fleisch verkauft. Er hat nur noch . . .

Gestern hatte er alle Würste verkauft. Es gab aber noch . . .
Wenn er nur Konserven verkaufen würde und die übrige Ware im
Laden liegenbleiben würde, dann hätte er noch . . .

Die einzelnen Sätze müssen streng aufeinander bezogen werden. Nur dann kann die Sprache für die beabsichtigte Denkschulung genutzt werden. Die Lösung heißt im dritten Satz: Käse und Eier, im fünften Satz: Käse, im sechsten Satz: nichts mehr. Die Fragen lassen sich je nach Bedarf auch komplizierter stellen. Das Fleisch kann zum Beispiel Schweinefleisch oder Rindfleisch sein usw.

Was man lernen muß

Wachsen muß man nicht lernen.
Essen muß man lernen.
Müde werden muß man nicht lernen.
Schlafen muß man lernen.
Liegen muß man nicht lernen.
Sitzen und gehen muß man lernen.

Wenn man sprechen gelernt hat, kann man schreiben lernen.
Wenn man sprechen gelernt hat, kann man lesen lernen.
Wenn man lesen gelernt hat, kann man auswendig lernen.
Wenn man Roller fahren gelernt hat, kann man Fahrrad fahren
lernen.
Wenn man Fahrrad fahren gelernt hat, kann man Moped fahren
lernen.
Wenn man Moped fahren gelernt hat, kann man Motorrad fahren
lernen.
Wenn man gehen gelernt hat, kann man laufen und springen lernen.
Wenn man Deutsch gelernt hat, kann man Englisch lernen.
Wenn man gleich Englisch gelernt hat, kann man Deutsch lernen
oder Französisch oder Italienisch.

Wie sie heißen und wer sie sind

Ich heiße Ursula. Ich heiße Matthias. Ich heiße Frieda. Ich heiße Karin. Ich heiße Melanie. Ich heiße Cornelia. Ich heiße Peter.

Ich bin nicht Matthias, sondern Thomas.
Ich heiße Thomas, mein Bruder heißt Peter.
Ich bin Kathrin und nicht Susanne.
Ich heiße Susanne, ich heiße nicht Kathrin.
Ich heiße Peter, mein Freund heißt auch Peter.
Ich heiße Christiane, meine Freundin heißt auch Christiane.
Ich heiße Alexander, meine Mami ruft mich Axel.
Ich heiße Ulrike, meine Mami ruft mich Ulla.
Ich heiße Daniel, mein Freund sagt immer Dani.

Ich möchte lieber Petra heißen, ich möchte lieber Johannes heißen, ich möchte lieber nicht Peter heißen, ich möchte lieber Nina heißen, ich möchte lieber nicht Hans heißen, ich möchte lieber Jochen heißen.

In dieser Übung werden Satzmuster verschiedener Art geübt. Das Material eignet sich für ein *Spiel mit mehreren Teilnehmern, indem jeder fiktiv einen neuen Namen benutzt.*

Strecken ist nicht verlängern

Sich strecken, den Arm ausstrecken, man muß sich strecken, um etwas zu bekommen, sich an die Decke strecken, Streckmuskeln, Krankenhausstreckbett, Streckverband.
In allen diesen Wörtern wird ein Vorgang ausgedrückt, in dem irgend etwas länger gemacht werden soll, als es ist. Man könnte auch sagen verlängern, aber das ist etwas anderes.

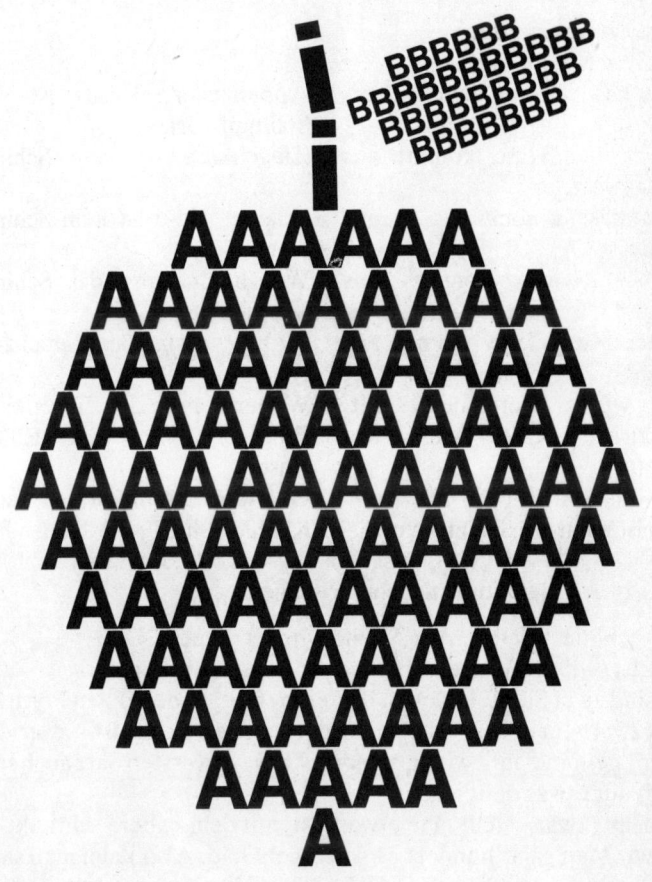

Kleine Wortsammlung

Butterkäse ist auf dem Butterbrot.

Appenzeller Käse kommt aus der Schweiz.

Ziegenkäse kommt aus Frankreich.

Edamer Käse kommt aus Holland.

Tilsiter Käse kam einmal aus Tilsit.

Heute wird er überall hergestellt.

Limburger Käse heißt wie Limburg.

Käse ist auch ein Schimpfwort.

Appenzeller Käse ist kein Schimpfwort.

Ziegenkäse ist kein Schimpfwort.

Edamer Käse ist kein Schimpfwort.

Wie heißt dann das Schimpfwort?

Woher kommt der Appenzeller Käse?

Woher kommt der Ziegenkäse?

Woher kommt der Edamer Käse?

Und warum schimpft man: so ein Käse?

Wer «zwar» sagt, muß auch «aber» sagen

Es ist schönes Wetter. Am Abend wird es regnen.
Zwar ist schönes Wetter, aber am Abend wird es regnen.
Das sind zwei Sätze, in denen dasselbe steht. In der ersten Form fehlt das «zwar» und das «aber». In der zweiten Form ist «zwar» und «aber» gesagt, damit wird ausgedrückt, was im ersten Satz auch schon stand, nur etwas deutlicher.
Mit dem «zwar» stellt man etwas fest, mit dem «aber» schränkt man das ein. Man sagt: hundert Mak ist viel Geld. Also kann man sagen: zwar ist hundert Mark viel Geld, aber für einen Mantel muß man zweihundert Mark bezahlen.

Der Arm umarmt

Mit den Armen kann man viel: Wenn man sie ausstreckt, werden die Muskeln locker. Wenn man einen Arm hebt und den Zeigefinger ausstreckt, ist der Arm wie ein Wegweiser. Mit den Armen und den Händen kann man Gegenstände heben. Man sagt dazu nie, ich arme. Nur einmal verwendet man das Wort armen: bei umarmen. Wenn die Arme um einen anderen Menschen herumgelegt werden, umarmen sie ihn. Alles andere, wozu die Arme sonst noch da sind, drückt man mit anderen Wörtern aus.

Was man streuen kann

Wenn es Glatteis gibt, muß man Salz auf den Weg streuen. Das Salz löst das Eis auf, der Weg ist dann nicht mehr glatt und rutschig. Auf die Speisen streut man Gewürze. Die Gewürzbüchsen haben kleine punktförmige Öffnungen, damit das Gewürz fein verteilt auf die Speisen kommt. Man darf nicht zuviel Gewürz auf die Speisen streuen, sonst kann man sie nicht mehr essen. Wasser kann man nicht streuen. Wenn man wenig Wasser auf den Boden bringen will, muß man das Wasser spritzen.
Da ein Haus und dort ein Haus, dazwischen keine Häuser, da ein Baum und dort ein Baum, dazwischen Wiesen, da ein Schuh und dort ein Hemd – diese Sachen, die Häuser, die Bäume, die Kleidungsstükke, liegen verstreut herum.

Schielen ist sehen

Schielen ist sehen, aber sehen ist nicht schielen. Nur manche Leute schielen. Jeder kann aber schielen, wenn er will.
Das Schielen läßt sich vermeiden, wenn man statt schnell mit den Augen auf die Seite zu schauen, ohne den Kopf zu bewegen, langsam mit dem ganzen Kopf sich dorthin bewegt, wohin man schauen will.
Wer immer schielt, ohne Spaß zu machen, muß sich beim Arzt untersuchen lassen. Er könnte eine Augenkrankheit haben, die man heilen kann.

14

Komische Sachen und komische Leute

Im Dorf stand der Hahn auf dem Mist, als das Auto vorbeifuhr. Die Sonne war noch nicht aufgegangen. Der Hahn schrie und das Auto hupte, weil ein Mann im Finstern über die Straße rannte.
Die Sonne hatte lange auf das Auto geschienen. Es war ganz heiß geworden. Als der Fahrer einstieg, krähte ein Hahn irgendwo in der Ferne.
Verstehst du das?
Die Uhr geht nicht mehr. Der Mann bleibt stehen und hört, ob sie noch tickt. Der Mann geht weiter. Er steckt die Uhr wieder in die Tasche. Nach einer Weile bleibt er wieder stehen, hört wieder an der Uhr, und siehe da, sie tickt jetzt wieder, sie geht. Der Mann aber steht. Die Uhr geht, der Mann geht. Beide gehen. Der Mann muß nicht gehen, damit die Uhr geht. Die Uhr muß nicht gehen, wenn der Mann geht.

Beide Texte zeigen, daß eine sprachliche Darstellung Spielraum besitzt. Es läßt sich zwischen den Zeilen lesen und das Nichtausgesprochene ergänzen. Der zweite Text verzichtet darauf, den Zusammenhang zwischen dem Ticken der Taschenuhr und der Bewegung des Mannes herzustellen. Das soll das Kind selbst leisten. – Falls der Zusammenhang nicht hergestellt werden kann, sollte man es beim Vorlesen bewenden lassen.

Sieben Figuren

Was ist das: Es hat einen Kopf, es hat einen Hals, es hat eine Brust, es hat zwei Arme, es hat einen Bauch, es hat zwei Beine. – Es ist ein Mensch.

Wenn es ein Vogel wäre, hätte er einen Vogelkopf, einen Vogelhals, eine Vogelbrust, zwei Vogel . . ., einen Vogelbauch und zwei Vogelbeine.

Es ist aber ein Pferd, also hat es: einen Pferdekopf, einen Pferdehals, eine Pferdebrust, einen Pferdebauch und Pferdebeine. Wo sind die Arme?

Wenn es ein Fisch ist, hat er einen Fischkopf, keinen Fischhals, keine Fischbrust, einen Fischbauch und keine Fischbeine, dafür aber Flossen.

Wenn es eine Schlange ist, dann hat sie: einen Schlangenkopf, einen Schlangenhals, keine Schlangenbrust, keinen Schlangenbauch und keine Schlangenbeine. Für die Schlangenbeine hat sie nicht einmal Schlangenflossen.

Wenn es ein Kind ist, dann hat es: einen Kinderkopf, einen Kinderhals, eine Kinderbrust, zwei Kinderarme, einen Kinderbauch, zwei Kinderbeine.

Wenn es ein Hampelmann ist, dann hat er: einen Hampelmannkopf, . . ., . . ., . . ., zwei Hampelmannbeine und einen Strick, mit dem man die Beine und die Arme bewegen kann.

Der Hampelmann hat auch Gelenke. Wenn man ihm den Strick und die Gelenke durchschneidet, dann kann er sich nicht mehr bewegen.

Wer hat einen Kopf . . .

Wer hat einen Hals . . .

Wer hat eine Brust . . .

Wer hat Flossen . . .

Wer hat einen Bauch . . .

Wer hat Gelenke . . .

Gibt es schiefe Figuren?

Im Spiel gibt es Figuren, es sind die Spielfiguren. Man kann mit ihnen ziehen und spielen, wie es das Spiel verlangt. Figuren sind rund und schön geformt, deshalb sagt man auch von den Menschen manchmal, sie haben eine schöne Figur, dann sind sie nicht dick, aber auch nicht dürr und nicht schief oder buckelig, sondern schön regelmäßig und ein klein wenig rund.

Was der Kopf alles kann

Das Auge ist ein Teil des Kopfes.
Das Auge ist ein Sehorgan.
Mit den Augen kann man sehen.
Wenn man die Augen schließt, kann man nicht mehr sehen.

Das Ohr ist auch ein Teil des Kopfes.
Das Ohr ist ein Hörorgan.
Mit den Ohren kann man hören.
Die Ohren kann man nicht schließen, leider.

Der Mund ist ein Teil des Kopfes.
Der Mund ist kein Sinnesorgan.
Mit dem Munde kann man essen und sprechen und trinken.
Mit dem Munde kann man entweder sprechen oder essen.
Also kann man mit dem Munde nicht gleichzeitig sprechen und essen und trinken.
Den Mund kann man schließen.
Beim Sprechen muß man den Mund natürlich öffnen.
Beim Kauen soll man den Mund schließen.
Beim Trinken muß man sehr aufpassen.
Wieso?

Bedeutungsunterschiede entstehen oft aus verschiedenen Aspekten einer Sache. Am Beispiel des Wortes Kopf werden diese sprachlichen Möglichkeiten durchgespielt. Der Text läßt sich als eine reine Hörübung einsetzen. Der Zusammenhang der einzelnen Aspekte erleichtert die Denkarbeit, die in diesem Falle nicht unbedingt in einem Gespräch abgewickelt werden muß.

Kannst du dir das zusammenreimen?

Essig und Gemüse (schmecken nicht besonders)
Salat und Wolken (kann man nicht essen)
Frischeier und Lampen (lassen sich nicht erleuchten)
Tintenfische oder Hammelbraten (sind nichts Besonderes)
Krawatten und Socken (sind oben und unten)
Vögel und Haferflocken (müßte man zusammen kochen)

Namen und Freunde (die kann man haben)
Pflanzen und Gänse (die fressen einander)
braun und bitter (das sind wohl Nüsse)
Gedächtnis und Puppen (Puppen haben keines)
Töpfe und Hornochsen (die gehen nicht zusammen)
Spiele und Autos (das kann man schon machen)
Kuchen und Türme (die lassen sich vergleichen)
Uhren und der Mond (die gehen ganz genau)
Kaninchen und Gold (das ist unmöglich)

In dieser Übung lassen sich die beiden Hauptwörter, die mit «und» verbunden sind, in verschiedenen Sätzen verwenden. Es sollen Sätze gebildet werden, in denen diese beiden Ausdrücke vorkommen. Die Anordnung der beiden Wörter ist freigestellt; lassen Sie alle Möglichkeiten zu.
Lesen Sie bitte zuerst die Doppelausdrücke vor, geben Sie dann ein paar Beispiele für vollständige Sätze.

Was ist eine Felge?

Die Räder an den Autos bestehen aus einem Gummireifen, einer Felge und der Achse, die die Räder miteinander und mit dem Lenkrad und dem Motor verbindet. Die Felge ist aus Metall.

Mißverständnisse

A:
Haben Sie Geld?
Nein, haben Sie Geld?
Nein, haben Sie Geld?
Wo ist der Schlingel?
Wo ist die Klingel?
Wo ist der Winkel?

B:
Ja, ich habe ein Feld.
Ach so, ein Zelt.
Doch doch, es gefällt.
Es gibt keinen Lingel.
Sie hat einen Ringel.
Dort kann man pinkeln.

Die Stiefel auf der Wiese

Auf einer Weide grasten schwarz-weiß gefleckte Kühe, denen der
Bauer große Stiefel angezogen hatte, damit sie nicht zu tiefe Abdrük-
ke in der Wiese hinterließen. Diese Wiese gehörte ihm nämlich nicht.
Sie gehörte seinem Nachbarn, der jede Beschädigung des Wiesenbo-
dens verboten hatte, weil es, wie er sagte, heute eine Seltenheit sei,
daß es noch Wiesengrund gäbe.
So schnell wird aus der Weide eine Wiese und aus dem Wiesenboden
ein Wiesengrund.

Allerlei Dunst

Es gibt blauen Dunst, das ist der Rauch, den die Raucher vor sich hin
blasen.
Es gibt grauen Dunst, das ist der Nebel, der die Bäume verhüllt.
Vielleicht gibt es auch grünen Dunst, wenn in der Nähe eine chemi-
sche Fabrik ist, die farbigen Rauch aus dem Schornstein bläst, der
sich nicht in die Luft erhebt, sondern auf den Boden herunterfällt und
alles vernebelt. Solcher grüne Dunst ist meist gefährlich. Deshalb soll
man nicht Dunst sagen, denn es ist giftiger Rauch. Das klingt nicht so
schön, dafür wird deutlich gesagt, was man davon zu halten hat.

Geld ist Geld, so sagt man . . .

. . . aber manches Geld ist anders als das übliche Geld. Urlaubsgeld ist bunter, Weihnachtsgeld ist festlicher, Rollgeld ist nüchterner, Taschengeld ist rarer, Haushaltsgeld ist unberechenbarer, Buchgeld ist unsichtbar, Bargeld ist schmutziger, Papiergeld ist leichter, Münzgeld klingt schöner, Silbergeld ist glänzender, Fersengeld ist feiger, Startgeld ist sportlicher, Steuergeld tut weh, Kranzgeld ist trauriger, Trinkgeld ist fröhlicher, Spargeld ist haltbarer und Zinsgeld ist viel bequemer.

(Dies ist kein Text zum Vorlesen, sondern ein Anzeigentext zum Beherzigen.)

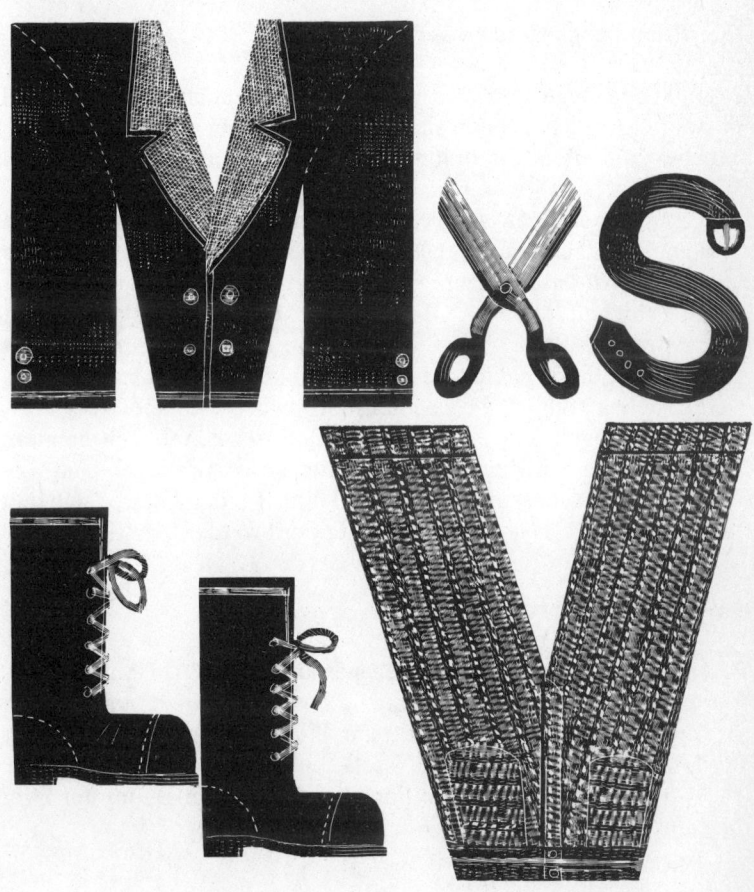

Enten können schwimmen und fliegen

In ländlichen Gegenden schwimmen die Enten noch auf Teichen und Flüssen; eigentlich können sie auch fliegen, aber das tun sie selten. Nur die Wildenten, die dunkler gefärbt sind, sieht man in kleinen Haufen fliegen.

Die Enten haben einen langen Schnabel, der vorn nicht spitz, sondern rund ist. Zwischen den Zehen haben sie Schwimmhäute, die sie wie Paddel und Ruder benutzen. Wenn sie tauchen, können sie sich mit diesen Schwimmfüßen im Gleichgewicht halten. Sie tauchen nicht ganz unter das Wasser, sondern stellen ihren Körper nur senkrecht zum Wasser, damit sie mit dem Schnabel im Schlamm nach kleinen Tieren suchen können, die sie mit ihrem großen Schnabel fressen.

Enten sind Vögel, denn sie haben Flügel. Enten können schwimmen, denn sie haben Schwimmfüße. Also sind sie Wasservögel. Und Geflügel heißen sie, zusammen mit den Hühnern, den Gänsen und den Puten, wenn sie als Nahrungsmittel verkauft werden.

Das schöne Ypsilon

Y ist ein Buchstabe, der sehr selten gebraucht wird. Am Anfang eines Wortes steht er fast nie. Ein paar Städtenamen fangen mit Ypsilon an: Ypern, Yverdon. Auch ein paar Flüsse haben Namen, die mit Ypsilon beginnen: Ybbs, Yon, Yssel.

Das Ypsilon hat eine schöne Form: es ist wie ein Baum mit zwei starken Ästen.

Vom Knopf zum Reißverschluß

Mit einem Reißverschluß kann man Kleidungsstücke öffnen und schließen. Man zieht den Reißverschluß herauf oder herunter. Flaschen haben einen Flaschenverschluß. Auch mit Korken kann man Flaschen zustöpseln. Der Reißverschluß ist sehr kompliziert, deshalb

funktioniert er manchmal nicht. Mit Knöpfen lassen sich Kleidungsstücke einfacher zuknöpfen. Mit einem Reißverschluß geht es natürlich schneller: man reißt ihn herunter, und manche lassen sich sogar
entweder halb oder ganz öffnen oder schließen.
Knöpfe, die abgerissen wurden, kann man wieder annähen. Reißver-
schlüsse lassen sich kaum reparieren, wenn sie einmal kaputtgegan-
gen sind.

Wann kann man «einige» sagen?

Meist sind ein paar Leute einige Leute. Es sind so viele, daß man nicht
sagen kann, es sind nur wenige, es sind schon einige, nur auch wieder
nicht so viele, daß man sagen müßte, es sind viele Leute. Einige sind
dazwischen: nicht zuviel und nicht zuwenig, auch nicht ein paar, denn
die kennt man, vielleicht sind es etwa zehn, dann kann man noch
schnell zählen, wie viele es sind, aber man weiß nicht mehr, wer sie
sind. Einige Hunde oder einige Kilometer oder einige Leute. Einige
Brezeln gibt es nicht. Man kann ein paar Brezeln kaufen oder viele
Brezeln, aber nicht einige. Das ist sehr komisch.

15

Ich und du, er und ich, sie und er

Jeder kann sagen «ich», ganz gleich, ob er Franz oder Karl oder
Susanne oder Matthias heißt. Mit dem Wort «ich» meinen die, die es
sagen, sich selbst und nicht die anderen, zu denen sie es sagen. Wenn
sie diese anderen Leute meinen, dann sagen sie entweder «du», wenn
sie mit ihnen reden, oder «er» oder «sie», wenn sie von ihnen zu
einem anderen sprechen.

Petra hat Streit mit ihrer Mutter

Zuerst sagt Petras Mutter: «Lege die Füße bitte nicht auf den Tisch, die Füße gehören nicht auf den Tisch. Ich lege die Füße ja auch nicht auf den Tisch, und überhaupt legt niemand die Füße auf den Tisch.»
Petra antwortet: «Doch, ich lege die Füße auf den Tisch. Und es schadet dem Tisch gar nicht, wenn ich die Füße darauf lege, und ich denke auch gar nicht daran, sie vom Tisch zu nehmen.»
Jetzt wird Petras Mutter deutlich. Sie antwortet auf Petras Hartnäckigkeit: «Du mußt aber die Füße vom Tisch nehmen. Die Füße können nicht dort liegenbleiben, wo sie gerade liegen, weil du sie vom Tisch nehmen mußt.»
Petra läßt sich nicht umstimmen, sie verteidigt sich noch einmal anders: «Wenn ich nicht will, daß ich sie vom Tisch nehme, bleiben die Füße dort liegen. Und wenn du unbedingt willst, daß ich sie vom Tisch nehmen soll, dann kannst du sie mir ja vom Tisch nehmen.»
Petra hat sehr schlau ihrer Mutter den Schwarzen Peter zugeschoben. Diese bemerkt es, und sie schiebt ihn Petra mit folgenden Worten sofort wieder zu: «Dann laß die Füße auf dem Tisch, oder nimm sie herunter – wie du willst.»

Eltern und Kinder

Es gibt kleine Kinder und große Kinder.
Die kleinen Kinder leben mit ihren Eltern zusammen.
Die großen Kinder haben oft keine Eltern mehr, oder sie leben nicht mehr mit ihnen zusammen. Warum?

Jedes Kind hat einmal Eltern gehabt.
Auch die Eltern waren einmal Kinder.
Also hatten auch sie wiederum Eltern.
Diese nennt man Großeltern.

Auch die Großeltern waren einmal Kinder.
Die Großeltern hatten auch Eltern.
Diese nennt man Urgroßeltern.
Geht das so weiter?

Die kleinen Kinder sind wirklich Kinder.
Die großen Kinder, das sind die Erwachsenen, kann man nur dann Kinder nennen, wenn man daran denkt, daß sie auch Eltern gehabt haben.

Die Kinder der Kinder nennt man Enkel. Die Kinder der Enkel sind die Urenkel von den Kindern, die zuerst genannt werden.
Geht das so weiter?
Ja, man kann diese Reihe fortsetzen, solange man will. Auch dann, wenn es diese Urenkel noch gar nicht gibt.
Denn immer heißen die Kinder von den Kindern Enkel.

Von eins bis drei

So fängt man zu zählen an: eins, zwei, drei. Aber kurz nach dem Mittag schlägt es eins, und niemand zählt weiter. Erst nach einer Stunde zählt man weiter, dann ist es zwei Uhr. Also hat man doch zählen können, nur nicht so schnell wie bei eins, zwei, drei, wenn man nichts damit meint als eins, zwei, drei.

Plaudern und reden

Leute, die plaudern, reden. Sie sitzen zusammen und erzählen einander, was sie wissen, was sie gehört haben, was sie tun könnten und wo sie gewesen sind. Sie müssen das alles nicht erzählen, aber vielleicht haben sie ein gemeinsames Essen bei Freunden gehabt, und nun sitzen sie zusammen und reden noch miteinander: das ist plaudern.

Wer ist wer?

Fisch ist Fisch. Kuh ist Kuh. Ochs ist Ochs. Berg ist Berg.
Maus ist Maus. Haus ist Haus. Katz ist Katz.
Wer ist eine Puppe? Wer ist ein Kind?

Was sind Tag und Nacht?
Tag und Nacht sind Nacht und Tag.
Was sind Löffel und Gabeln?
Löffel und Gabeln sind Gabeln und Löffel.
Was sind Herren und Damen?
Herren und Damen sind Damen und Herren.
Winter, Frühling, Sommer, Herbst sind Herbst, Sommer, Frühling,
Winter.
Puppe, Raupe, Schmetterling sind Schmetterling, Raupe, Puppe.
Wasser, Eis und Schnee sind Schnee, Eis und Wasser.

Was ist ein Schmetterling?
Ein Schmetterling ist ein Schmetterling.
Oder: Ein Schmetterling ist eine verwandelte Raupe.

Diese Übung soll mit dem Sprachrhythmus vertraut machen. Die Wörter werden wiederholt, aber ihre Reihenfolge wird geändert. Um eine Überbetonung dieser rhythmischen Seite der Übung zu vermeiden, leitet der zweite Teil in eine Sacherläuterung über.

Alles schön der Reihe nach

Heute ist Montag.
Morgen ist Dienstag.
Übermorgen ist Mittwoch.
Wenn heute Donnerstag ist, ist morgen Freitag. Was ist übermorgen?

Nehmen wir einmal an, heute ist Sonntag. Dann war gestern Samstag und vorgestern Freitag.

Ich weiß nicht, was heute ist. Aber ich weiß, gestern war Montag und morgen ist Mittwoch und übermorgen ist Donnerstag. Wann ist dann Samstag, und was ist wohl heute?

Die Wochentage heißen Montag, Dienstag, Mittwoch, Donnerstag, Freitag, Samstag, Sonntag. Man kann aber auch sagen: Sonntag, Samstag, Freitag, Donnerstag, Mittwoch, Dienstag, Montag. Was ist dabei passiert?

Heute ist Montag. Gestern war doch Freitag – oder nicht?
Und überüberüberüberübermorgen ist, glaube ich, Sonntag.

Montagabend gibt es immer Käsebrote.
Dienstagabend gibt es immer Wurstbrote.
Mittwochabend gibt es immer hartgekochte Eier aufs Brot.
Donnerstagabend gibt es immer Pfannkuchen.
Freitagabend gibt es natürlich immer Bücklinge.
Samstagabend gibt es immer Milchreis und Sonntagabend gibt es immer Honigbrot. Das mag ich gar nicht.
Mami will mich prüfen. Sie sagt: «Übermorgen gibt es Käsebrote zum Abendessen. Gestern gab es Honigbrot. Morgen gibt es Bücklinge aufs Brot abends.» Vorgestern gab es gar nichts, denn wir kamen zu spät nach Hause.

Diese Übung setzt voraus, daß die Aufeinanderfolge der Wochentage schon bekannt ist. Sollte das nicht der Fall sein, so kann man diese Aufeinanderfolge in kleinen Schritten auch während dieser Übung lernen (vgl. den Anfang des Textes).
Der Text enthält einfache logische Aufgaben. Man schließt von einem Tag auf den anderen. Erleichtern läßt sich dieses Schlußverfahren dadurch, daß die Wochentage auf Kärtchen geschrieben werden, die man in verschiedener Reihenfolge anordnen kann.

Wo zwei sind, ist etwas dazwischen

Gestern kam mir etwas dazwischen, ich hatte vor, meinen Freund zu besuchen, aber dann ging es nicht.
Auf dem Tisch lagen zwei Bücher, dazwischen war ein Federhalter eingeklemmt. Ich weiß auch nicht, wie er da hineinkam.

Was weißt du von diesen Leuten?

Vom Bürgermeister,
von Arbeitern, die vorübergehen,
von der Putzfrau,
vom Gärtner,
von den Sekretärinnen,
von den Matrosen,
von den Studenten,
von den Schauspielern,
von den Kindern?

Wer ist das? Eine Dame.
Wer ist das? Ein Herr.
Wer ist das? Ein Minister.
Wer ist das? Ein Rentner.
Wer ist das? Ein Handwerker.
Wer ist das? Ein Direktor.
Wer ist das? Ein Filmstar.
Wer ist das? Ein Bankbeamter.

Es gibt aber auch noch Lehrer und Bauern und Schiffer und Fischer und Lügner und Schüler und Playboys und Waldläufer und Reiter und kleine Mädchen und Kapellmeister.

Eins hängt am andern

Der Wald.
Die Bäume des Waldes.
Die Blätter des Baumes.
Die Farbe der Blätter.
Wo ist die grüne Farbe?
Im Wald, an den Bäumen, an den Blättern, an der Farbe?
Wann sieht man die grüne Farbe?
Wem gehört die grüne Farbe?

Die Beine des Hundes.
Die Haare der Hundebeine.
Die Farbe der Haare der Hundebeine.
Das Braun der Farbe der Haare der Hundebeine.

Das Haus ist abgebrannt.
Das Haus gehörte meinem Nachbarn.
Der Nachbar ist jetzt arm.
Der arme Nachbar hat sonst keinen Besitz.
Jetzt geht er wieder arbeiten.

Erzfaul, Eisenerz

Was faul ist, läßt sich leicht beschreiben. Es ist soviel wie arbeiten,
aber sehr wenig, oder lernen, aber nur die Hälfte, oder aufräumen im
Spielzimmer, aber nur ein paar Sachen, oder bei einer Sache helfen,
aber nur widerwillig. Also faul ist faul und erzfaul ist besonders faul
oder sehr faul. Man könnte auch bloß sehr faul sagen, wer aber
erzfaul sagt, der schimpft schon ein wenig. Man weiß nicht so recht,
warum es erzfaul heißt. Man weiß nur, daß das Wort mit dem Eisenerz nichts zu tun hat.

Rätsel

Ich weiß etwas, was du nicht weißt, und das ist rot.
Ist es lebendig oder nicht lebendig?
Es ist nicht lebendig.
Ist es aus Holz oder aus Stein?
Es ist weder aus Holz noch aus Stein.
Ist es im Haus oder außerhalb des Hauses?
Es ist im Haus.
Ist es groß oder klein?
Es ist klein.
Kann man es bewegen, oder hat es einen festen Ort?
Man kann es bewegen.
Liegt es auf dem Boden oder auf dem Tisch?
Es liegt auf dem Tisch.
Ist es flüssig oder fest?
Es ist fest.
Ist es ein Radiergummi oder ein Kugelschreiber?
Es ist ein Kugelschreiber.

Wortketten

Streichhölzer sind Zündhölzer,
Zündhölzer sind Zünder,
mit Zündern kann man Feuer anzünden.

Automobile sind Autos,
Autos sind Fahrzeuge,
einige Fahrzeuge haben Verbrennungsmaschinen,
Verbrennungsmaschinen treiben auch Schiffe an.

Ein Jeep ist ein Auto.
Eine Limousine ist eine bestimmte Form des Autos.
Ein Kabriolett ist ein offenes Auto.

Ein Taxi befördert Personen.
Ein Lasttaxi befördert Lasten.
Ein Flugtaxi befördert Personen und Lasten.
Flugtaxis sind keine Autos.

Wie die Wörter größer werden

Auto
Eier
Mond
Kartoffeln

Im Auto fehlen die Kartoffeln

Die Eier im Auto
Der Mond über den Kartoffeln   Das Eiermondauto
Kartoffeln und Eier   Die Mondkartoffel
Das Auto im Mond   Autoeier

Das Mondei und das Kartoffelauto Mondkartoffelautoeier
Die Autos mit dem Kartoffelmotor
Der Mond mit dem Eierkopf   Gibt es Eierkartoffeln?
                                  Gibt es Mondautos?
Mondauto und Eierkartoffeln   Gibt es Autoeier?
Auf dem Mond wachsen keine Eier   Was gibt es bestimmt nicht?

Der Text läßt sich auch für eine Sprechübung verwenden. Im Anschluß hieran können die möglichen Verbindungen von den unsinnigen Ausdrücken getrennt werden.

Was die Namen erzählen

Petra will Peter heiraten. Michaela will Michael heiraten. Friederike will Friedrich heiraten. Martina will Martin heiraten.
Warum wollen diese Mädchen diese Buben heiraten?

Wen will Alexandra heiraten?
Wen will Paula heiraten?
Wen will Franziska heiraten?
Wen will Antonia heiraten?
Wen will Hanna heiraten?
Wen will Urs heiraten?
Wenn will Ulrich heiraten?
Wen will Jack heiraten?
Wen will Lorenz heiraten?

Wenn die Namensähnlichkeit als Heiratsmotiv nicht erkannt wird, gelten auch andere Gründe. Die Sätze können dann auch so vor- gelesen werden: Ich heiße Petra wie Peter. Im Anschluß an diese Übung können alle bekannten Namen aufgezählt werden.

Mit und gegen

Miteinander kann man nur etwas unternehmen, wenn man befreundet ist oder sich kennt. Gegeneinander sind Feinde. Deshalb sagt man von den Feinden auch, es sind die Gegner. Auch im Spiel gibt es einen Gegner, obwohl man zu ihm auch Mitspieler sagen kann. Wer etwas nicht will, sagt manchmal: ich bin dagegen.
Gegenüber stehen sich zwar auch die Gegner oder Feinde, aber wenn es zwei Dörfer sind, die einander gegenüberliegen, dann müssen sie nicht unbedingt Feinde sein.

Ist Plunder Müll?

Was man nicht mehr braucht, nennt man Gerümpel. Was man nicht mehr braucht und fortwirft, nennt man Müll. Was man nicht mehr braucht, ohne daß man es fortwerfen muß, nennt man Plunder. Es ist überflüssiges Zeug, das sich irgendwo ansammelt, im Keller oder auf dem Dachboden.

16

Lügen haben kurze Beine

Jeder kann lügen. Man braucht nur etwas zu sagen, was nicht so ist, wie man es sagt, und schon hat man gelogen. Wer nur zufällig etwas Falsches sagt ohne böse Absicht, hat nicht gelogen. Lügen muß man mit Absicht. Wer lügt, will die Wahrheit verbergen.
Die Leute sagen: Lügen haben kurze Beine. Diese Beine kann man nicht sehen, weil die Lügen keine Menschen sind. Man sagt so, weil man mit Lügen nicht weit kommt, sie werden als Lügen entlarvt. Hätten Lügen lange Beine, dann könnte man sich mit ihnen aus dem Staube machen.
Schon die Kinder sagen: Wer einmal lügt, dem glaubt man nicht. Das stimmt vielleicht nicht immer, es ist aber verständlich, denn man weiß nie, ob etwas wahr oder erlogen ist. Und wer schon oft gelogen hat, weiß schon selber nicht mehr, daß er lügt.

Wie sie lügen und angeben

Peter sagt: «Mein Bruder kann zwei Autos mit der Hand auf einmal hochheben.»

Gestern erzählte mir Karin: «Ich habe eine Million gestohlen und sie einem Bettler geschenkt.»

Der eine sagt zum andern: «Meine Mutter kocht Rindfleisch in einer Minute weich. Sie legt es in kaltes Wasser und nimmt es sofort wieder heraus.» Der andere sagte darauf: «Unser Auto verbrennt manchmal statt Benzin auch Wasser. Dann fährt es doppelt so schnell.»

Kannst du auch schon lügen und angeben?

Genaugenommen stehen in diesen Texten keine Lügen, sondern großsprecherische Sätze und sonstiges Geflunker. Das Wort «lügen» wird trotzdem verwendet. Lügen ist ein Sprachspiel. Die Kinder verstehen außerdem unter Lügen noch sehr viel mehr als der Erwachsene, der den genauen Sachverhalt kennt. Die Texte lenken das Augenmerk auf die sprachlichen Möglichkeiten, aus denen Lügen konstruiert werden. Einen Lügner durchschauen kann nur der, der diese sprachliche Voraussetzung der Lüge kennt. Nur wer andere beim Lügen ertappen kann, erwirbt die Einsicht, daß er selbst auch lügen kann und lügt. Die Frage «Kannst du auch schon lügen und angeben?» soll diesen Prozeß in Gang bringen. Es ist eine pädagogische Frage. Lügen kann man weder lehren noch verbieten.

Der Text gibt außerdem Gelegenheit, einige Sachprobleme zu klären.

Das stimmt ja nicht

Er nahm den Bleistift in die Hand und rührte damit die Suppe um. Die Putzfrau fegte den Staub auf den Betten zusammen. Das Telefon schwieg so lange, bis jemand den Hörer abnahm. Die Kinder legten das Brot auf den Käse. Das Fleisch kochte im Ofen, der auf dem Topf stand. Der Boden lag auf der Bierflasche. Die Milch stand im Keller. Die Treppe ging auf der Straße auf und ab. Die Männer legten die Bahre auf den Verletzten. Der Fisch schwamm auf dem Wasser, während die Ente nach Regenwürmern tauchte.

Jetzt soll der Text stimmen:
Er nahm den . . . in die Hand und rührte damit die Suppe um. Die Putzfrau fegte den Staub . . . zusammen. Das Telefon . . . so lange, bis jemand den Hörer abnahm. Die Kinder legten . . . Das Fleisch kochte . . . Der Boden lag . . . Die Milch . . . Die Treppe . . . Die Männer legten . . . Der Fisch schwamm . . ., während die Ente nach Regenwürmern tauchte.

In diesen Text sind einige Wörter durch andere ersetzt worden. Im zweiten Teil des Textes sollen die dazu passenden Wörter wieder eingesetzt werden. In einigen Fällen muß man jedoch schon den Satzanfang korrigieren. Beispiel: Der Boden lag auf der Bierflasche. – Korrektur: Die Bierflasche lag auf dem Boden.

Ist alles in Ordnung?

Vorleser	Kind	Vorleser
Sag mal: das geöffnete Fenster	. . .	ist geschlossen.
Sag mal: man kann das geöffnete Fenster	. . .	schließen.
Sag mal: das geschlossene Fenster	. . .	ist kaputt.
Sag mal: das offene Fenster	. . .	wird geöffnet.
Sag mal: das geöffnete Fenster	. . .	ist geöffnet.
Sag mal: man kann das geöffnete Fenster	. . .	aushängen.
Sag mal: das geschlossene Fenster	. . .	ist geschlossen.

Weiterführende Übungen lassen sich an sehr viele Texte anschließen. Dieser Text beabsichtigt zunächst, zum Widerspruch herauszufordern. Die Anschlußübung zeigt, wie man sprachliche Möglichkeiten für das Öffnen und Schließen eines Fensters durchspielen kann. (Das geöffnete Fenster ist geöffnet oder nicht geschlossen, man kann das geöffnete Fenster schließen oder offenlassen oder kaputtmachen; das geschlossene Fenster läßt sich nicht mehr öffnen . . .)

Das ist falsch	Das ist nicht falsch
Himmel ist Glas	Kisten als Häuser
Fische sind Mücken	Ziegen als Zugtiere
Kräne sind Räder	Menschen als Arbeiter
Bögen sind Masten	Affen als Serumlieferanten
Schiffe sind Fenster	Tauben als Briefboten
Meere sind Länder	Scheunen als Schlupfwinkel
Berge sind Gräben	Wälder als Wasserschutzzonen
Hütten sind Seen	Mauern als Befestigungen
Tiere sind Steine	Käse als Nahrungsmittel
Straßen sind Gärten	

Warum man Fähren braucht

Eine Fähre ist ein Schiff. Mit einer Fähre kann man von Ufer zu Ufer fahren, zum Beispiel vom Festland auf eine Insel oder von der einen Seite eines Flusses auf die andere Seite.

Meist fahren die Fähren regelmäßig, jede Stunde oder fünfmal am Tag, und oft begegnen sich zwei Fähren mitten zwischen den Ufern eines Flusses: die eine fährt herüber, die andere fährt hinüber.

Es gibt sogar Fähren, die ohne Schiffsmotor fahren: manchmal hängt über kleinen Flüssen ein Drahtseil von Ufer zu Ufer, an dem das Fährschiff mit einem anderen Seil befestigt ist. Durch die Strömung des Wassers wird die Fähre ein wenig stromabwärts gedrückt. Weil aber das Seil die Fähre festhält, kann die Fähre nicht davonschwimmen. Sie fährt nicht stromabwärts, sondern weicht auf die Seite aus, und so kommt sie von einem Ufer zum andern.

Große Fährschiffe transportieren in ihrem Bauch Autos und sogar Eisenbahnen. Es gibt Fähren, die über die Ostsee von Dänemark nach Schweden oder von Finnland nach Polen fahren.

Fragen und Antworten

Wenn es regnet,
wenn die Straße naß wird.
Wie heißt das richtig?   Wenn es regnet, wird die Straße naß.

Wenn die Sonne scheint,
wenn die Haut braun wird.   Kannst du das korrigieren?
Wenn der Omnibus hält,
wenn die Kinder aussteigen.   Da stimmt etwas nicht.
Wenn die Fenster geöffnet sind,
wenn es kalt ist.   Was ist wenn?
Wenn die Türen geöffnet werden,
wenn man eintreten kann.   Wann?
Wenn es Nacht wird,
wenn die Lichter ausgehen.   Wann?
Wenn die Sonne aufgeht,
wenn es Tag wird.   Wenn die Sonne aufgeht . . .

In dieser Übung sind Ursache *richtig heißt, kann man zuerst*
und Wirkung sprachlich noch *auch an einem Beispiel zeigen.*
nicht richtig formuliert. Wie es

Wenn man über die Schwäbische Alb fährt

Alb heißt ein flaches Gebirge in Süddeutschland, die sogenannte
Schwäbische Alb. Sie beginnt an der Donau, steigt ganz leicht an wie
ein Tisch, den man schräg gestellt hat. Wenn man mit dem Auto zwei
Stunden gefahren ist, kommt man an den Albrand, den Albtrauf.
Jetzt merkt man erst, daß man auf einem Gebirge fährt, denn man
muß wieder hinunter in das Albvorland. Wenn man sich dort umdreht, sieht man die Albkante wie einen Schanzentisch in die Luft
ragen.

T

Wer ist verrückt?

Der Postbote drückte auf die Türklinke, und das Fenster öffnete sich. Der Postbote drückte auf die Klingel, und es wurde Licht. Der Postbote stieg die Treppe hinauf und gelangte in den Keller.

Der Fußgänger rannte über das Wasser. Der Fußgänger rannte auf dem Gehweg in die Luft. Der Fußgänger drückte auf den Knopf der Ampel und ging sofort hinüber.

Der Autofahrer schaute nach links und fuhr rechts um die Kurve. Der Autofahrer schaltete das Licht ein, weil es so sonnig war.

Die Sonne blendete, deshalb nahm der Mann die Sonnenbrille ab. Der Radfahrer wollte schneller fahren, damit er nicht so müde würde. Der Radfahrer hatte keine Zeit, deshalb ging er zu Fuß. Der Radfahrer sah den Polizisten stehen und fragte ihn, wo der Weg ende.

Die Verwechslungen, die im Text genannt sind, lassen sich leicht korrigieren. Man muß darauf achten, daß dies sprachlich vollzogen wird. Man sollte eine Frage anschließen, wenn die Antwort zu kurz ausgefallen ist.

Von zweierlei Federn

Es gibt zweierlei Federn: die Vogelfedern und die Schreibfedern. Früher schrieben die Leute mit dem harten Ende der Gänsefedern, und deshalb nennt man heute noch immer die Schreibfedern, auch wenn sie aus Stahl oder Gold oder Platin sind, Federn.
Die Federn sind sehr leicht. Viele kann man durch Blasen in die Luft hinaufwirbeln. Deshalb sagt man von Leuten, die nicht dick sind und also nicht viel wiegen, sie sind federleicht.

Was ist dahinter?

Hinter dem Blatt
Hinter dem Tisch
Hinter dem Fenster
Hinter dem Garten
Hinter dem Hauseck
Hinter dem Auto
Hinter dem Kanaldeckel
Hinter der Straßenecke
Hinter der Vorstadt
Hinter der Wiese
Hinter dem Wald
Hinter dem Berg
Hinter dem Himmel

Es ist der gestrige Tag.

Worte wecken Vorstellungen. Vorstellungen können sprachlich ausgedrückt werden. Das ist das Ziel dieser Übung. Um es zu erreichen, muß nach jedem Ausdruck eine Antwort abgewartet werden. Man kann diese Antwort bestätigen oder ablehnen und weitersuchen lassen.

Meter

Ein Meter ist ein Maßstab. Dieser Maßstab ist einen Meter lang. Wie lang ist ein Meter? Genau einen Meter. So ist das mit den Maßstäben. Man kann sie nicht mehr erklären. Man könnte auch sagen, ein Meter ist hundert Zentimeter lang. Dann könnte man auch wieder fragen: und wie lang ist ein Zentimeter? Genau einen Zentimeter.
Ungefähr einen Meter lang ist ein Schritt, den ein großer Mann geht, wenn er die Beine dabei ganz weit ausstreckt. Ungefähr einen Meter lang ist auch der ausgestreckte Arm eines Erwachsenen. Ungefähr einen Meter groß ist ein Kind, wenn es drei Jahre alt ist. Ungefähr einen Meter breit ist eine Tür in einer Wohnung.

17

Zwei Geschichten von demselben Mann

Der Mann hat einen dicken Kreis und eine kleine Kugel. Seine kurzen Striche hörten viel zu früh auf. Deshalb sahen seine Stecken so lang aus, obwohl sie sehr dick waren.
Ständig streichelte der Mann Fische. Man sah ihn immer vor einem Bier sitzen in einer Ecke, die ein wenig dunkler als die übrigen Räume war. Die Katzen rannten von der Straße herein, liefen um ihn herum wie Hühner und verschwanden wieder. Der dicke Kreis des Mannes bewegte sich nicht.

Hast du nichts verstanden von dem Mann? Dann erzähle ich die Geschichte noch einmal anders:

Der Mann hatte einen dicken Teil und einen kleinen Teil. Seine kurzen Teile hörten viel zu früh auf. Deshalb sahen die Teile so lang aus, obwohl sie sehr dick waren.
Ständig streichelte er Augen. Man sah ihn immer vor einem Baum sitzen in einer Ecke, die ein wenig dunkler war als die übrigen Flüsse. Die Ameisen rannten von der Straße herein, liefen um ihn herum wie Hühner und verschwanden wieder. Sein dicker Teil bewegte sich nicht.

Das ist dieselbe Geschichte, und du hast sie wieder nicht verstanden? Das macht nichts. Jetzt erzähle ich sie noch einmal, aber richtig:

Der Mann hatte einen dicken Bauch und einen kleinen Kopf. Seine kurzen Arme hörten viel zu früh auf. Deshalb sahen seine Beine so lang aus, obwohl sie sehr dick waren.
Ständig streichelte er Katzen. Man sah ihn immer vor einem Bier in der Ecke sitzen, die ein wenig dunkler als die übrigen Räume war. Die Katzen rannten von der Straße herein, liefen um ihn herum wie

Hühner und verschwanden wieder. Sein dicker Bauch bewegte sich nicht.
Kannst du herausfinden, welche Wörter ersetzt waren?

Ampelampel

An der roten Ampel
Als die Ampeln ausgingen
Die gelbe Ampel
Die Ampelkreuzung
Die Fußgängerampel
Eine beschädigte Ampel
Die Signalampel
Der Ampelmast
Die Ampelgläser
Die fernsehgesteuerte Ampel
Die Ampelanlage
Der Ampelsicherungskasten
Der Ampelwald
Die ampelfreie Kreuzung

Die gefährliche Ampel
Die überflüssige Ampel
Die Ampel für Kinder
Die Ampelpfeile
Das Ampelsignal
Die Mißachtung der Ampel
Die Untersuchung der Ampel
Die Aufstellung der Ampel
Die Installation der Ampel
Die Ampel in Betrieb
Die Ampel ohne Strom
Die Ampel ohne Sinn
Die Ampel ohne Mast
Die Ampelampel

Und wenn und wenn und wenn

Wenn, dann. Wenn nicht, dann nicht. Wenn auch, dann trotzdem nicht.
Wenn niemand kommt, gehe ich nach Hause. Wenn jemand kommt, gehe ich auch nach Hause. Wenn ich arbeite, kann ich nichts anderes tun.
Wenn nicht alt, dann jung. Wenn nicht arm, dann reich. Wenn müde, dann auch traurig. Wenn giftig, dann auch schädlich.
Wenn es rot ist, dann ist es farbig. Wenn es aus Glas ist, dann ist es zerbrechlich.

Die Geschichte, die zwei Steine einander erzählten

«Wo kommst du denn her?» sagte der Basalt zum Granit.

«Aus deiner Gegend», sagte der Granit zum Basalt.

«Dann kommst du auch aus den Bergen», sagte der Basalt zum Granit.

«Ja, das ist schon lange her. Bei dir auch?» fragte der Granit.

«Nein, mich hat erst gestern ein Lastwagen aus dem Hollertal hierhergebracht. Und wie lange sollen wir hier liegenbleiben?» fragte der Basalt.

«Ich weiß es nicht», sagte der Granit.

«Du hast so schöne rote Flecken», sagte der Basalt zum Granit. «Das würde zu meinem Grau ganz gut passen. Könntest du mir nicht die Hälfte von dir abschneiden?»

«Nein», sagte der Granit, «das geht ganz und gar nicht. Dann kann ich nicht mehr so gut auf dem Kieshaufen hin und her rutschen. Denn die Kanten bremsen so stark. Und außerdem schleifen dann die anderen Kieselsteine an mir herum, so daß ich so klein werde und mich schließlich ganz auflöse.»

«Ach so», sagte der Basalt, «das sehe ich ein.»

Steine, die reden können, gibt es nicht. Aber manches, was sie einander erzählt haben, stimmt trotzdem.

Ein Tintenfisch, der Belemnit genannt wird

So heißt eine Versteinerung auf der Schwäbischen Alb. Sie sieht aus wie eine Gewehrkugel. Oder wie ein Finger mit einer ganz scharfen Spitze. Meist findet man nur abgebrochene Stücke. Im Innern sieht man dann ein Muster mit Strahlen. Belemniten waren Tintenfische. Dort, wo sie heute versteinert vorkommen, gab es früher Meere und Seen. Lebende Tintenfische gibt es heute noch, zum Beispiel im Mittelmeer. Sie heißen dort Sepia. Sie sehen aus wie eine Karotte, im Innern haben sie eine schwarze Flüssigkeit, nach der sie Tintenfisch genannt werden.

Was man gleichzeitig tun kann

Wer sitzt, sitzt.
Wer schreibt, sitzt auch.
Hans schreibt, also sitzt er.
Hans schreibt sitzend.
Man kann auch stehend schreiben.
Hans schreibt nicht.
Was kann er jetzt alles tun?
Er kann sitzen, stehen, laufen oder schlafen.

Hans schreibt.
Was kann er jetzt nicht tun?
Er kann nicht schlafen.
Er kann nicht laufen.
Er kann nicht reden.
Denn wer schreibt, muß wach sein.
Und wer schläft, ist nicht wach.
Und wer schreibt, kann nicht laufen.
Denn wer läuft, kann nicht schreiben.

Hans kann gar nicht schreiben.
Was kann er dann alles tun?
Er kann laufen, schlafen, stehen, essen, reden.
Er kann sogar sitzen, ohne zu schreiben.

Autos, die fahren, bewegen die Räder.
Feuer, das brennt, entwickelt Wärme.
Wasser, das tropft, fällt hinunter.
Kerzen, die brennen, werden kleiner.
Hunde, die bellen, beißen nicht, oder beißen sie?
Katzen, die miauen, beißen, oder beißen sie nicht?

**Eine Geschichte, die zweimal erzählt wird.
Welche ist die richtige?**

Ein Polizist geht mit seinen Hunden auf der Straße. Der Polizist rennt voraus. Der Hund und der Hund gehen hinterher. Plötzlich bleibt ein Hund stehen, der andere Hund geht allein weiter. Als der Polizist oben ist, sieht er, wie die Hunde langsam die Straße herauflaufen. Er rennt die Straße auf der anderen Seite hinunter, um die Hunde unten wieder einzuholen auf der anderen Seite der Straße.

Ich erzähle sie noch einmal:

Ein Kind geht mit seinen Eltern auf einen Berg. Das Kind rennt voraus. Der Mann und die Frau gehen hinterher. Plötzlich bleibt die Frau stehen, der Mann geht allein weiter. Als das Kind oben ist, sieht es, daß die Eltern hintereinander langsam den Berg herauflaufen. Es rennt den Berg auf der anderen Seite hinunter, um die Eltern unten wieder einzuholen auf der anderen Seite des Berges.

Natürlich war das sehr leicht. Wenn es ganz leicht war, kannst du auch noch herausbekommen, wie die zweite Geschichte verwandelt worden ist in die erste. Du mußt ein paar Wörter suchen, die verwechselt wurden.

*Der Zusammenhang eines Textes bestimmt, was die Wörter im einzelnen bedeuten. Die vorliegende Geschichte übt das Verstehen des sprachlichen Zusammenhangs. Der Vergleich erleichtert die Einsicht in die Stimmigkeit solcher Zusammenhänge.
Fragen Sie Ihr Kind, welche Geschichte leichter zu verstehen ist. Dann vergleichen Sie Satz für Satz. Versuchen Sie, die Verwandlung der zweiten Geschichte in die erste durch Austausch einiger Wörter zu vollziehen. – Dasselbe Verfahren läßt sich an beliebigen anderen Texten anwenden.*

Eine Geschichte, in der fast nichts passiert

Im Radio hört man Musik.
Das Radio ist zu laut eingestellt.
Man hört das Radio des Nachbarn.
Die Nachbarn unterhalten sich, während im Radio die Musik zu hören ist.
Die Nachbarn hören nicht auf das Radio, sondern auf das, was sie sprechen.
Weil das Radio zu laut eingestellt ist, müssen die Nachbarn noch lauter reden.
Deshalb werden die Nachbarn in den anderen Wohnungen gehört.
Die Leute in den anderen Wohnungen hören das Radio, das zu laut geht, und die Nachbarn, die noch lauter miteinander reden.
Im Treppenhaus steht der Postbote und klingelt.
Man hört ihn nicht wegen des Radios der Nachbarn und wegen der Unterhaltung der Nachbarn.
Karin hat das Klingeln gehört, und sie sagt zu ihren Eltern: «Macht auf, es hat geklingelt!»
Aber die Eltern hören Karin nicht.
Wo ist das Radio zu laut eingestellt?
Wer hört das Radio?
Hört der Postbote das Radio?
Was kann man dagegen tun, daß die Nachbarn das Radio zu laut einstellen?
Wie konnte Karin das Klingeln hören, obwohl ihre Eltern das Klingeln nicht gehört haben?

Ein Spiel, das nicht gespielt wird: das Beispiel

Es spielt nicht, und niemand ist dabei, man kann es zeigen, und es hilft einem. Zum Beispiel schmeckt Honig süß. Oder: Schnelle Fahrzeuge gibt es viele, ein Beispiel ist das Auto.

Hier ist ein Wort manchmal zuviel

Am Wege stand links ein Haus (ein Baum) und rechts eine Tankstelle (eine Fabrik). Hinter der Tankstelle (der Fabrik) mündete ein Feldweg in die Straße (in den Kanal). Auf der anderen Seite stand ein Schuppen. Dahinter lag eine Gärtnerei. Anschließend an die Gärtnerei befand sich eine Fabrik (eine Tankstelle) und hinter der Fabrik (der Tankstelle) gab es wieder Bäume. Auf der anderen Seite der Straße (des Kanals) standen Bäume. Wenn man am Kanal (an der Straße) weiterging, hörten die Bäume plötzlich auf. Dann fing der Wald (der Garten) an. Die Straße (der Kanal) führte durch den Wald (den Garten). Als er aus dem Wald (dem Garten) herauskam, stand auf derselben Seite, auf der die Fabrik (die Tankstelle) an der Straße (am Kanal) stand, eine Villa. Auf welcher Seite des Weges stand die Villa?

Dieser Text enthält zwei Geschichten. Man kann die eine oder die andere durch Wahl einzelner Wörter wählen. Die Geschichten lassen sich auch vermischen.

Lesen Sie zunächst die normale Fassung und dann die Fassung, die sich ergibt, wenn Sie das Wort in der Klammer wählen. Fragen Sie, welche besser gefällt. Lesen Sie, wenn Interesse besteht, die Geschichte noch einmal, diesmal vermischt. Fragen Sie dann, welche Worte passen, Haus oder Raum, Wald oder Garten, Fabrik oder Tankstelle, Straße oder Kanal.

Ziel der Übung ist es, das Augenmerk auf den sprachlichen Zusammenhang und seine Veränderbarkeit zu richten. Die sehr schwierige Frage am Schluß soll nicht eigentlich beantwortet werden, sondern noch einmal auf diesen Zusammenhang verweisen.

Was wird in dieser Geschichte erzählt?

Vor dem Wald auf der Wiese und vor dem Haus stand vor dem Auto der Bauer und sprach mit dem Polizisten.

Bevor der Bauer wieder zu arbeiten anfing, ging er zwei Schritte nach vorn, zwei Schritte zurück, zwei Schritte auf die Seite, zwei Schritte nach hinten, dann drehte er sich um und ging in das Haus.

Die Ecke des Zimmers im Obergeschoß unter dem Dach war voller Spinnweben. Er ging in den Keller. In der Kellerecke war es feucht. Er ging vor das Haus, an der Hausecke lehnte ein Fahrrad. Das Auto, das vor dem Haus stand, war an der vorderen Ecke leicht beschädigt. Niemand wußte, wem es gehörte.

Gelegentlich muß den Kindern ein unvollständiger sprachlicher Zusammenhang angeboten werden, der sie anregt, weiterzudenken und die Einzelheiten zu deuten. Die drei Abschnitte lassen sich in dieser Hinsicht gesondert verwenden. Sie können auch als Ganzes gelesen werden und mit Fragen in einen bestimmten Zusammenhang gebracht werden. Zum Beispiel: der Bauer, das Haus, das Fahrrad. Oder: der Polizist, das Auto, der Bauer.

Ein bloßes Vorlesen dieser Abschnitte befremdet. Man muß darauf achten, daß nicht mehr als eine Anregung gegeben werden kann.

Die Hauptsache und die Nebensache

Der Hauptbahnhof und der Nebenbahnhof
Die Hauptfrau und die Nebenfrau
Das Hauptschiff und das Nebenschiff
Der Hauptkanal und der Nebenkanal
Der Hauptmann und sein Nebenmann
Der Hauptredner und der Nebenredner
Die Haupttür und die Nebentür
Der Hauptkeller und der Nebenkeller
Die Hauptstadt und die Nebenstädte
Die Hauptader und die Nebenader
Das Hauptrad und das Nebenrad

OO

Was ist blutig an den Blutorangen?

Es gibt blonde Orangen und Blutorangen. Die Blutorangen sind innen ganz blutig. Manche sind wie eine Mischung, ein bißchen hell und ein bißchen dunkel. Nicht alle Kinder mögen Blutorangen. Wenn man ihnen aber sagt, daß in den Blutorangen gar kein Blut ist, sondern nur schwarzer Saft, und wenn man ihnen erklärt, daß der schwarze Saft immer süß schmeckt, süßer als der helle Saft der Blondorangen, dann essen die Kinder vielleicht auch die Blutorangen. Denn Blutorangen sind gar nicht blutig, sie haben nur viel roten, dunkelroten Saft. Man könnte auch Rotorangen sagen. Innen rot, außen orange. Bei den Gemüsehändlern heißen sie noch anders: Moro.

Sind das Äpfel?

Es gibt blonde Äpfel und schwarze Äpfel. Die schwarzen Äpfel sind innen ganz schwarz. Manche sind wie eine Mischung, ein bißchen hell und ein bißchen dunkel. Nicht alle Kinder mögen schwarze Äpfel. Wenn man ihnen aber sagt, daß in den schwarzen Äpfeln gar nichts Schwarzes ist, sondern nur schwarze Milch, und wenn man ihnen erklärt, daß die schwarze Milch immer süß schmeckt, süßer als die helle Milch der blonden Äpfel, dann essen die Kinder vielleicht auch die schwarzen Äpfel. Denn die schwarzen Äpfel sind gar nicht schwarz. Sie haben nur viel rote, dunkelrote Milch. Man könnte auch Rotäpfel sagen. Innen rot, außen apfelig. Bei den Gemüsehändlern heißen sie ganz anders.

Wie wird aus einem Rechteck ein Quadrat?

Ein Quadrat ist ein Rechteck. Ein Rechteck hat vier Ecken. Zwischen den vier Ecken sind vier Seiten. Die Ecken im Rechteck sind nicht schief, sondern gerade, wie beim Fenster, bei der Tür, beim

Tisch und an der Decke. Wenn die Ecken spitz sind oder schief und verschoben, dann ist es kein Rechteck, sondern vielleicht ein Trapez. Immer zwei Seiten in einem Rechteck sind gleich lang. Sie liegen einander gegenüber.

Wenn in einem Rechteck alle vier Seiten gleich lang sind, dann ist das Rechteck ein Quadrat.

Mogeln und betrügen

Im Spiel muß man sich an die Regeln halten, damit keiner einen Vorteil bekommt. Wenn man sich aber nicht an die Regeln hält und etwas gegen die Regeln tut, ohne daß es die Mitspieler merken, dann mogelt man. Für mogeln kann man auch betrügen sagen. Wer etwas Unerlaubtes tut und andere Leute täuscht, wer also betrügt, mogelt nicht, weil man mogeln für betrügen nur sagt, wenn man spielt.

Beispiele für «niemand»

Niemand, das ist nicht Otto, nicht Hans, nicht Fritz, nicht Adelheid, nicht Maria, nicht Paul. Keiner.

Niemand, das ist nicht der Hausmeister, nicht der Lehrer, nicht der Schuster, nicht der Tischler, nicht der Bürgermeister, nicht der Eisverkäufer. Wer noch? Noch jemand? Keiner.

Niemand kam, niemand ging, niemand ließ sich Wein einschenken, niemand hatte Hunger, niemand ging.

Jemand blieb, ich weiß nicht, wer. Oder gingen alle, oder ging niemand?

Die Übung leistet eine Rückübersetzung eines abstrakten Begriffs («niemand») in Beispiele. Am Ende des Textes wird das Kindern nicht so geläufige Gegenstück zu «niemand» erwähnt. Testen Sie selbst, ob der Begriff schon vorhanden ist.

Wie man naß werden kann

Peter fiel ins Wasser. Er wurde ganz naß. Peter fiel in den Fluß. Als er herauskam, tropfte das Wasser von seinen Kleidern. Peter stolperte und fiel in eine Pfütze. Er wurde naß und dreckig. Das Wasser zog in die Kleider, es tropfte nicht herab, weil die Kleider dreckig waren.
Der Stein fiel in das Wasser und blieb darin liegen.
Der Hund sprang in den Fluß und schwamm ans andere Ufer.
Der Ball fiel in den Fluß und schwamm auf ihm davon. Er trieb weder an das eine noch an das andere Ufer.
Wir sprangen nicht in den Fluß, weil wir nicht naß werden wollten. Deshalb warfen wir Steine auf den Ball, um ihn ans Ufer zu treiben.
Ein besonders spitzer Stein schlug ein Loch in den Ball. Der Ball füllte sich mit Wasser und ging unter. Der Ball war naß und voll Wasser.

Was ist zwischen Himmel und Erde?

Oben ist der Himmel und unten die Erde. Dazwischen ist der Horizont. Aber nur dort, wo man sieht, daß der Himmel aufhört und die Erde aufhört. Das ist nur in der Ferne zu sehen, also am Horizont. Manchmal ist der Horizont ganz gerade, wenn eine Ebene unter dem Himmel liegt. Manchmal ist der Horizont aber buckelig, wenn nämlich Berge in den Himmel hineinragen. Am Abend verschwindet die Sonne hinter dem Horizont. Am Morgen kommt sie im Osten an einer ganz anderen Stelle des Horizontes wieder herauf. Der Horizont ist nämlich auf allen Seiten, nicht nur dort, wo man gerade hinschaut und den Himmel und die Erde zusammenstoßen sieht. Dreht man sich um, sieht man wieder den Horizont.
Vielleicht gibt es gar keinen buckeligen Horizont. Denn dort, wo Himmel und Erde ineinander übergehen, sind die Berge schon so weit entfernt, daß sie nur wie ein Strich sind. Wer vor einem Berg steht, sieht deshalb gar keinen Horizont.

Wieviel Arten von Antennen gibt es?

Auf den Häusern sieht man Fernsehantennen oder Radioantennen. Die Fühler der Gliedertiere heißen auch Antennen. Und auf manchen Bergen gibt es Antennen, die so groß sind wie ein Turm, das sind die Sendeantennen der Rundfunk- und Fernsehsender. Solche Masten sind weiß und rot angestrichen, damit man sie von weitem sieht. Man kann sich an ihnen orientieren, und die Flugzeuge können sie wegen der Farbe besser sehen.

Heute und morgen, Morgen und Abend

Es gibt zwei Morgen: heute und morgen, das sind zwei Tage, Morgen und Abend, das ist an ein und demselben Tag. Mit dem Morgen fängt der Tag an, mit dem Abend und der Nacht hört er auf. Heute ist der Tag, auf den der nächste Tag, morgen nämlich, folgt. Bevor die Nacht kam, war gestern. Gestern, heute und morgen sind drei Tage. Der Morgen und der Abend sind die beiden Hälften eines Tages, dazwischen ist der Mittag.

18

Hunger kann nicht reden

Wenn man lange Zeit nichts gegessen hat, bekommt man Hunger. Der Magen knurrt, und man hat ein unbefriedigendes Gefühl, ohne daß man genau weiß, warum. Kleine Kinder schreien, wenn sie Hunger haben. Wenn die Kinder etwas älter sind, können sie zwar schon sagen, was sie wollen, aber oft wissen sie nicht, wenn sie ein solches Gefühl haben, das den Hunger anzeigt, was es ist, und deshalb sagen sie nicht, ich habe Hunger, sondern sind einfach unangenehm und unzufrieden oder schlecht gelaunt.

Da fehlt etwas

Hör dir diese Sätze an, und wenn du willst, kannst du sie ergänzen.

Weil sie keinen Ofen hatten . . .   (Kälte!)
Weil das Geld gefälscht war . . .   (Gefängnis!)
Weil das Haus am Wald stand . . .   (dunkel!)
Weil die Flüsse leer waren . . .   (Steine!)
Weil die Wolken über die Stadt zogen . . .   (Regen!)
· Weil das Gemüse anbrannte . . .   (offenes Fenster!)
Weil die Fische im Fluß verendeten . . .   (Gift!)
Weil die Berge nicht mehr auftauchten . . .·(Dunst!)
Weil der Vesuv ausgebrochen war . . .   (Flucht vor dem Vulkan!)
Weil die Hühner zu gackern begannen . . . (Morgen!)

Alle Sätze fangen mit «weil» an. Die Folgerungen aus dem weil-Satz sollen von den Kindern selbst gezogen werden. Die eingeklammerten Wörter geben Hinweise für die Fortsetzung des angefangenen Satzes. Diese Hinweise sollen jedoch nicht in dieser Form vorgelesen werden, sie dienen als Anhaltspunkt für ein Gespräch über die betreffende Situation.

Stadt und City ist nicht dasselbe

City heißt man die Geschäftsstadt oder die Altstadt von großen Städten. Nicht jede Stadt hat eine City. Eigentlich heißt City einfach Stadt. Man sagt noch nicht lange City in Deutschland, denn das ist ein Wort aus dem Englischen und Amerikanischen. In Amerika gibt es solche City-Innenstädte schon lange. Es sind die Straßen, in denen nur die Geschäftshäuser und die Bürohäuser stehen; die Menschen wohnen und schlafen nicht mehr in ihnen, sie arbeiten hier nur noch.

Alles schön der Reihe nach

Wasser ist kalt, Eis ist noch kälter.
Grüne Äpfel sind sauer, Zitronen sind noch saurer, Essig ist am sauersten.

Eine Kugel ist rund, ein Faß ist rund.
Das Faß ist schwer, der Stein ist schwer.
Der Stein ist grau, das Auto ist grau.
Das Auto fährt schnell, das Schiff fährt schnell.
Das Schiff ist weiß, die Wolke ist weiß.
Die Wolke ist weiß oder grau oder schwarz.
Der Himmel ist blau oder grau oder finster.
Der Turm steht schief, das Haus steht schief, bald fällt es um.
Der Baum wächst schief, der Baum wächst gerade, der Baum fällt um, ob er schief wächst oder gerade wächst.

Einer nach dem andern

Ich heiße Heinz.
Mein Freund heißt Peter.
Der Freund von Peter heißt Fritz.
Fritz hat noch zwei Freunde.
Sie heißen Martin und Thomas.
Thomas hat nur noch einen weiteren Freund. Er heißt Jens.
Sage, wie sie alle heißen.

Die Geschichte des roten Autos

Auf der Straße fährt ein rotes Auto, das Auto fährt ins nächste Dorf, im nächsten Dorf steht eine Fabrik, in der Fabrik arbeiten Leute, die Leute wohnen in den Häusern, die Häuser stehen hinter dem Dorf

auf dem Hügel, der Hügel liegt vor dem nächsten Dorf, im nächsten Dorf steht die Kirche am Marktplatz, am Marktplatz steht das Rathaus, im Rathaus sitzt der Bürgermeister, der Bürgermeister ist ein Landwirt, der Landwirt hat noch viele Kühe und zwei Pferde, die Kühe geben Milch, und die Pferde ziehen die Maschinen auf den Feldern, auf den Feldern wächst Getreide, das Getreide wird verkauft, in der Mühle wird das Getreide zu Mehl gemahlen, mit dem Mehl backen die Bäcker Brot, das Brot essen die Leute, die Leute wohnen in der Stadt.

Und wo ist jetzt das rote Auto?

Wenn die Tür verschlossen ist

Einen Hut kann man aufsetzen.
Ein Haus kann man bauen.
Fische können schwimmen.
Fische kann man verkaufen.
Fische kann man essen.
Fische kann man braten.

Wenn ein Kind schreit, sagen die Leute: Sei still!
Wenn ein Kind schreit, ist es vom Baum gefallen.
Wenn ein Kind schreit, ist es hungrig.
Wenn ein Kind schreit, hat es einen anderen Grund zum Schreien.

Wenn die Tür verschlossen ist, kann man nicht in das Haus hineingehen.
Wenn die Tür verschlossen ist, sind die Eltern fortgegangen.
Wenn die Tür verschlossen ist, sind die Leute in den Ferien.
Wenn das Auto kaputt ist, kann man nicht mehr damit fahren.
Wenn das Auto kaputt ist, muß man es in die Werkstatt bringen.
Wenn das Auto kaputt ist, muß man sich einen Lastwagen besorgen.
Wenn das Auto kaputt ist, kann es einen Unfall geben.

Was geschieht, wenn . . .

Vorleser	Kind	Vorleser
Wenn es regnet	. . .	wird man naß.
Wenn es regnet	. . .	braucht man einen Schirm
Wenn es regnet und die Sonne scheint	. . .	wird man nicht naß.
Wenn es regnet und die Sonne scheint	. . .	entsteht ein Regenbogen

Wer läuft, bewegt sich.
Wer schläft, ißt nicht.
Wer schwimmt,
bewegt sich im Wasser.

Wenn du müde bist beim Arbeiten	hörst du dann auf?
Wenn ich müde bin beim Arbeiten	trinke ich Kaffee.
Wenn ich müde bin beim Arbeiten und ich die Arbeit beenden muß	höre ich nicht auf.
Wenn ich müde bin beim Arbeiten	stelle ich das Radio an.
Wenn ich müde bin beim Arbeiten	mache ich einen Spaziergang.

Vorsprechen, Nachsprechen und die Vervollständigung der Satzhälfte wechseln einander ab. Ziel der Übung ist die Aufdeckung verschiedener sprachlicher Möglichkeiten zur Fortsetzung eines Satzanfanges.

Rätsel

Wer hat einen Fuß, der so schwer ist, daß er ihn nie heben kann?
Es ist der Berg mit dem Bergfuß. Er steht auf der Erde, aber er hat
keine Haut und keine Gelenke, keine Zehen und keine Zehennägel.

Er kann sich nicht bewegen, sondern nur stehen. Leider sieht er von allen Seiten gleich aus. Unter dem mittleren Teil hat er keinen Hohlraum, denn er besitzt ja auch kein Gelenk. Der Bergfuß ist nicht einmal ein Plattfuß.

Die Fische in der Tiefkühltruhe

Tiefgefrorene Fische sehen weiß aus. Außerdem sind sie hart wie Stein. Sie sehen weiß aus, weil das Wasser in ihnen zu Eis gefroren ist. Und sie sind hart, weil gefrorenes Wasser, das ist Eis, fest und hart ist.

Wenn Fische tiefgefroren sind, sind sie hart wie Eis.
Weil sie tiefgefroren sind, sind sie hart.
Wenn sie hart sind, dann sind sie hart, weil gefrorenes Wasser hart ist.

Wasser gefriert.
In Fischen ist Wasser.
Gefrorenes Wasser ist Eis.
Eis sieht an der Oberfläche weiß aus.
Eis ist hart.
Tiefgefrorene Fische sind weiß und hart.
Wenn tiefgefrorene Fische zu Eis werden, dann sind sie auch hart.

Was ist hart, das Eis oder der Fisch?
Was ist weiß, das Eis oder der Fisch an der Oberfläche?
Was ist gefroren, das Wasser oder der Fisch?

Wörter beschreiben Sachen. Solche Beschreibungen lassen sich abkürzen oder ausdehnen. Der Text enthält beide Tendenzen der Beschreibung. Er weist außerdem auf sachliche Verbindungen zwischen den sprachlichen Ausdrücken hin.
Statt Fisch lassen sich auch andere Gegenstände mit anderen Eigenschaften einsetzen und durchspielen.

Wie es in einer Oase aussieht

In der Wüste gibt es kein Wasser. Deshalb wächst nichts. Die Wüste ist ein einziger Sandhaufen, eine Sandwüste mit ein paar Felsen vielleicht.

Gibt es aber zufällig doch einmal eine Wasserstelle in der Wüste oder einen Brunnen, der aus sehr tiefen Erdschichten Wasser an die Oberfläche bringt, dann können Pflanzen wachsen. Eine solche Stelle in der Wüste, an der etwas wächst, nennt man Oase. Sie ist eine Insel voller Pflanzen in der Wüste. In einer Oase wohnen natürlich Menschen, die die Brunnen bedienen und das Land kultivieren, bewässern und bepflanzen. Für die Nomaden, die durch die Wüste ziehen, sind die Oasen Stützpunkte. Sie ziehen von einer Oase zur anderen, um Wasser zu bekommen.

Das Auto erzählt

Der Automotor, die Auroräder, die Autobatterie, der Autoschlüssel, die Autolampen, die Autoabgase, die Autogeschwindigkeit, der Automechaniker, der Autotank, das Autoöl, das Autoventil, die Autoachse –

der Autostaub, das Autowasser, die Autokoffer, die Autostraßen, die Autohäuser, die Autoparkplätze, die Autofarben, die Autokarte, der Autounfall, der Autofahrer, die Autobäume, die Autolandschaften, die Autowolken –

die Autofiguren, die Autoengel, die Autohalden, die Automedizin, die Autoprüfung, die Autohandschuhe, die Autositze, das Automobil.

Das Auto ist staubig. Das Auto hat einen Motor. Es hat Räder. Das Autowasser ist im Kühler. Im Auto sind die Sitze. Die Autoscheiben schützen vor dem Wind. Die Autobatterie liefert Strom. Die Autokoffer sind im Kofferraum. Die Autohandschuhe sind praktisch. Der Autoschlüssel schließt die Türen auf. Die Autolampen geben Fernlicht und Abblendlicht. Die Autostraßen sind gekennzeichnet. Die Autoparkhäuser verlangen Gebühren. Die Autoparkplätze werden

immer rarer. Die Autoabgase sind giftig. Die Autofarben sind sehr bunt. Die Autoprüfung ist schwer. Die Automedizin befaßt sich mit Autounfällen. Die Autokarten bezeichnen die Autostraßen. Die Autogeschwindigkeit wird vom Tachometer abgelesen. Der Autounfall ist gefährlich ohne Autogurt. Der Autofahrer lenkt das Auto. Der Automechaniker repariert es. Der Autotank enthält das Benzin. Das Autoöl schmiert den Motor. Die Autoventile sind kompliziert. Das Autoblech ist dünn oder dick. Das Autogestell rostet leicht. Die Autoachse ist empfindlich. Die Autobäume gibt es nicht. Die Autohalden werden immer größer. Die Autolandschaften sind nicht schön. Die Autowolken gibt es auch nicht. Die Autofische sind keine Fische. Die Automaskottchen sieht man nicht mehr so oft. Die Autoengel sind blond. Die Autofiguren lassen sich zeichnen. Das Automobil ist ein altmodischer Ausdruck.

Seenot, Hungersnot und andere Not

Seenot, Hungersnot, Notruf, Notlage, Notdienst, Not.
Wer in Not ist, braucht Hilfe. Denn er kommt aus der Not von selbst nicht mehr heraus. Helfen kann man auch Leuten, die nicht in Not sind. Mit dem Notruf kann man Hilfe für vielerlei Not anfordern. Der Notruf ist eine bestimmte Nummer, die man wählt, wenn man am Telefon der Polizei mitteilen will, daß man wegen einer Notlage schnell Hilfe braucht. Es kann sein, daß ein Unfall geschehen ist oder Feuer ausgebrochen ist. Oder Einbrecher im Haus sind.
In öffentlichen Anlagen, in Parks oder an bestimmten Straßenkreuzungen und in bestimmten Stadtvierteln gibt es Notrufsäulen. Dort braucht man keine besondere Nummer zu wählen, wenn man die Polizei rufen will.
Eine Hungersnot gibt es in schlechten Erntejahren. Wenn die Nahrungsmittel für alle Menschen knapp werden und keine Nahrungsmittel aus anderen Ländern eingeführt worden sind, kann es leicht zu einer Hungersnot kommen. Weil es keine Nahrung oder zuwenig gibt, haben alle Leute Hunger, und wenn sie gar keine Nahrung

bekommen können, weil es weit und breit keine gibt, können sie auch an Hunger sterben.

Wer Hunger hat und noch etwas warten muß, bis er eine Mahlzeit bekommt, der hat keine Hungersnot, sondern einfach Hunger.

Wie die Zahlen aussehen

Die Eins ist schlank.
Die Zwei ist krank.
Die Drei ist doppelt.
Die Vier ist eckig.
Die Fünf ist dick.
Die Sechs ist voll.
Die Sieben ist gescheit.
Die Acht ist breit.

Die Neun ist dumm.
Die Zehn ist alt.

Kinderreime mit Zahlen gibt es in vielfältiger Form. Diese Übung zielt auf die Entwicklung von Vorstellungen mittels sprachlicher Anregungen.

Die Familie

Kind, Vater, Mutter, Kind sind . . . (eine Familie)
Vater, Mutter, Kind, Kind sind . . .
Vater, Mutter, Sohn, Sohn sind . . .
Tochter, Mutter, Vater, Sohn sind . . .
Vater, Mutter, Tochter, Sohn sind . . .
Tochter, Sohn, Kind, Kind sind . . .

Wieviel Familien findest du, wenn
– Vater, Mutter, Großvater, Großmutter genannt sind?
– Kind, Kind, Großvater, Großmutter genannt sind?
Weißt du, wieviel Großväter und wieviel Großmütter du hast? Wie heißen deine Onkel, Tanten, Vettern, Basen, Nichten und Neffen?

Was fehlt, soll ergänzt werden. Das stellt eine sprachliche Leistung dar, die erst zustande kommt, wenn die Sache bekannt ist. Solange dies nicht der Fall ist, kann auch die sprachliche Bewältigung nicht geschehen.

Maul und Mund

Die meisten Tiere haben ein Maul. Die Menschen haben kein Maul,
sondern einen Mund. Also ist das Maul der Tiere der Mund der Tiere.
Trotzdem sagt man Maul, denn die Tiere sind ja keine Menschen.
Vielleicht kann man deshalb nicht Mund für das Maul der Tiere
sagen, weil Tiere nicht sprechen können. Die Menschen sprechen mit
dem Mund. Die Tiere können nicht sprechen, und mit ihrem Maul
fressen sie, sonst nichts. Sie brüllen, sie wiehern, sie bellen, aber das
ist nicht sprechen.
Man sagt manchmal, wenn ein Mensch spricht: er mault. Dann bellt
er nicht und brüllt er nicht, aber er redet so unzufrieden und verärgert
und brummig, daß man nicht mehr sagt: jetzt spricht er, sondern:
jetzt mault er. Er beklagt sich über etwas, er ist unzufrieden und –
mault eben.

19

Nicht alle Zylinder sind schwarz

Es gibt schwarze Zylinder. Sie können nicht verwechselt werden mit
den Sechszylindern. Die Sechszylinder sind nämlich nicht schwarz,
sondern aus Metall. Außerdem kann man sie nicht anschauen und auf
dem Kopf tragen, denn das sind die Büchsen in den Motoren, in
denen das Benzin verbrannt wird. Solche Sechszylinder gibt es nur in
den Autos, die einen Sechszylindermotor haben. Die meisten Autos
haben nur Vierzylindermotoren.
Glaszylinder sind weder schwarz, noch sind sie ein Teil des Autos. Sie
können ohne Boden sein oder einen Boden haben. Wenn sie einen
Boden haben, sind sie wie eine Vase. Man nennt solche Zylinder so,
weil sie eine zylindrische Form haben. Allerdings müssen sie hohl
sein. Denn ein voller Zylinder wäre eine Walze.

Gehört das alles auf den Tisch?

Auf dem Tisch liegen die Teller, die Gabeln, die Messer. Auf dem Tisch stehen die Gläser, die Flaschen.
Auf dem Tisch sitzen die Katzen, die Hunde, die Ziegen, die Schafe.
Auf dem Tisch laufen die Spinnen, kriechen die Würmer, schlafen die Frösche.
Auf dem Tisch liegen Karten zum Kartenspielen, Papier und Bleistift zum Schreiben, Druckerschwärze zum Drucken, Essiggurken zum Würzen, Pfeffer und Salz, Butter und Schmalz, die Servietten und die Glühbirnen, die Fensterläden und das Schuhputzzeug.
Auf dem Tisch liegt die Tischplatte und das Tischtuch, darüber das Wachstuch und auf diesem die Briefschale mit dem Briefbeschwerer und den Zeitungen.
Wo liegt nur mein Geldbeutel?

Können Schafe sitzen?
Können Schafe auf dem Tisch sitzen?
Können Katzen sitzen?
Können Katzen auf dem Tisch sitzen?
Dürfen Katzen auf dem Tisch sitzen?
Wollen Katzen auf dem Tisch sitzen?

Die Krim ist keine Insel

Die Krim ist eine Halbinsel, die man auf der Landkarte finden kann. Die Krim liegt in Rußland, am Nordufer des Schwarzen Meeres. Auf der Karte sieht man, daß das Wasser nicht um die Insel herumgeht, sondern sie nur von drei Seiten einschließt. Deshalb ist sie nur eine Halbinsel. Wer aber auf der Krim selbst schon gewesen ist, sieht gar nicht alle drei Seiten, er merkt gar nicht, daß er auf einer Halbinsel ist, es sieht an allen Ufern so aus wie am Ufer des Meeres überhaupt. Nur bei kleinen Halbinseln kann man die Landverbindung zwischen der Insel und dem Festland sehen, wenn man auf der Insel steht.

Was ist Alabastergips?

Das ist ein schönes Wort für eine ganz gewöhnliche Sache. So nennt man eine besonders gute Art von Gips. Und was ist das? Ein weißes Mehl, das man mit Wasser vermischt. Wenn der Gips eine Zeitlang gestanden hat, ist er hart geworden wie Stein. Bevor er hart wird, kann man ihn in die Ritzen der Wände streichen, um sie zuzustopfen. Oder man kann Figuren daraus formen, solange er noch nicht hart ist. Wenn er aber hart geworden ist, muß man ihn wegwerfen, denn er läßt sich nicht mehr aufweichen.

Es gibt Männer und Frauen

Es gibt Frauen, die verheiratet sind.
Es gibt Frauen, die nicht verheiratet sind.
Es gibt Männer, die verheiratet sind.
Es gibt Männer, die nicht verheiratet sind.

Es gibt verheiratete Männer.
Es gibt verheiratete Frauen, die keine Kinder haben.
Eine Mutter ist eine Frau, die Kinder hat.
Ein Vater ist ein Mann, dessen Frau Kinder hat.

Was ist ein Tisch?

Ein Tisch ist eine Platte, die auf vier Beinen steht.
Ein Tisch ist ein Eßtisch.
Ein Tisch ist ein Schreibtisch.
Ein Tisch ist ein Küchentisch.
Ein Tisch ist ein Ladentisch.
Ein Tisch ist ein Couchtisch.

Auf einem Eßtisch kann man essen.
Auf einem Schreibtisch kann man schreiben.
Auf einem Küchentisch kann man Küchenarbeiten verrichten.

Ein Ladentisch steht im Laden.
Ein Couchtisch steht vor einer Couch.

Was hast du vor?

Ich gehe morgen, ich werde gehen.
Oder ich gehe heute, ich gehe schon.
Ich ging nach Hause. Gestern sagte ich: Ich gehe nach Hause.
Ich gehe immer, oder ich gehe, ich gehe, ich gehe . . .

Ich gehe schnell nach Hause. Ich renne nach Hause. Oder manchmal
gehe ich langsam nach Hause, das heißt, ich schlendere nach Hause.
Oder ich gehe gar nicht nach Hause, ich bleibe in der Schule, oder ich
muß in der Schule bleiben, das heißt nachsitzen.

Ich kaufe kein Eis, ich behalte mein Geld.
Ich sitze vor dem Fernsehapparat, ich gehe nicht ins Kino.
Ich spiele mit meinem Freund, ich gehe nicht in die Stadt.

Wo es überall Zellen gibt

Ein sehr kleines Zimmer ist wie eine Zelle. Die Gefangenen werden
in Zellen eingesperrt. Die Mönche gehen von selber in ihre Mönchs-
zellen. In den Pflanzen gibt es Zellen, in denen niemand ist. Nur die
Zellkerne und die Zellflüssigkeit. Die Zellen im Gewebe der Pflanzen sehen aber so aus wie die Zellen, in denen man sich aufhalten
kann: sie haben Wände, und eine Zelle ist an der anderen.

Melodien kann man singen

Wer singen kann, weiß, was eine Melodie ist: alle Töne zusammen, nicht jeder einzelne, im Schwung hinauf und hinunter, einmal schneller, einmal langsamer, so daß es schön klingt, das ist eine Melodie. Wenn man ein Lied singt, muß man die Melodie singen und die Worte, die dazugehören. Wenn man nur die Worte sagt, singt man kein Lied. Eine Melodie kann man aber auch summen, ohne Worte also. Nur die Töne sind die Melodie, nicht auch die Worte. Deshalb kann man Melodien auch pfeifen oder auf Instrumenten spielen und sogar auf ein Papier aufzeichnen, ohne daß man sie singt. Denn auch auf dem Papier oder an einer Tafel kann man zeigen, wie die Töne herauf und herunter als Melodie sich bewegen.

Was alles voll sein kann

Ein Gefäß ist voll: das Wasser steht bis zum Rand des Gefäßes. Bei Vollmond ist der Mond nicht voll Mond, sondern der Mond ist rund wie ein Kreis, man sieht ihn voll beleuchtet. Aber nur auf einer Seite. Die Rückseite, die wir nicht sehen, ist schattig.
Voll ist meist noch nicht ganz voll. Wenn ein Glas ganz voll ist, läuft es fast schon über. Wenn es voll ist, hört man auf, weiter Wasser hineinzugießen.
Der Wald ist voller Bäume. Kann er überlaufen?

Quitten und Äpfel

Quitten sehen aus wie Äpfel. Aber so gelb wie die Quitten werden die Äpfel nie. Die Quitten sind gleichmäßig dunkelgelb, und man kann sie nicht essen. Manche Hausfrauen können sie zu Marmelade verarbeiten. Sie duften sehr stark und werden nur sehr langsam faulig. Deshalb wurden sie früher oft als Zierobst auf kleine Tischchen gestellt.

Was alles leer sein kann

Ein Faß kann voll oder leer sein.
Ein Zimmer kann voll oder leer sein.
Die Hosentasche kann voll oder leer sein.
Der Himmel kann voller Wolken oder blau sein.

Was leer ist, kann leer sein wie ein Faß.
Es kann leer sein wie ein Zimmer.
Es kann leer sein wie die Hosentasche.
Es kann leer sein wie der blaue Himmel.

Oder es ist völlig leer, es ist ganz leer,
es ist leergefegt, es ist geleert, es ist entleert.

Aber eigentlich ist nichts ganz leer, zum Beispiel stehen im Zimmer immer noch einige Möbel, zum Beispiel hängen am Himmel einige Wölkchen.

Ein leeres Zimmer ist voll Luft.
Die leere Bühne ist voll Staub, und auf einer leeren Wiese wächst bestimmt immer wieder Gras.

Wie Halbedelsteine genannt werden

Ein Achat ist ein Halbedelstein. Es gibt ihn in bläulicher, weißlicher oder gelblicher Farbe. In den Gesteinsschichten kommt er manchmal in Form von Bändern vor. Man kann ihn schleifen und als Edelstein verarbeiten zu Schmuck oder kleinen Schalen. Weil er nicht so wertvoll ist wie ein Diamant oder Rubin, heißt er Halbedelstein. Auch der Adular ist ein Halbedelstein und der Amethyst, der durchsichtig ist und von bläulicher klarer Farbe.

Wie man auf Stein schreibt

Eine Inschrift ist eine besondere Schrift. Sie steht nicht auf dem Papier, und sie wird nicht rasch hingeschrieben. Die Inschriften sind auf Steinen eingegraben, damit man sie sehr lange lesen kann. Wenn man Tinte oder Farbstifte nehmen würde für Inschriften und diese im Freien das ganze Jahr stünden, wäre in kurzer Zeit nichts mehr zu lesen von dem, was geschrieben stand.

Pfefferkörner kann man mahlen

Es gibt schwarzen und weißen Pfeffer. Das sind kleine Körner, die man zum Würzen verwendet. Pfefferkörner können auch gemahlen werden, dann sind sie ein feiner Staub, der schneller in die Speisen eindringt und sie würzt. Pfeffer brennt auf der Zunge, man darf nicht zuviel von ihm nehmen, sonst schmecken die Speisen nicht mehr gut.

Verneinungen ohne Nein

Es regnet nicht.
Die Katze tanzt nicht.
Der Fisch läuft nicht.
Der Schüler kauft die Bücher nicht.
Der Baum ist nicht groß.
Das Haus ist nicht hoch.
Der Turm ist nicht begehbar.
Die Scheune ist nicht benutzt.
Die alten Keller sind nicht warm.
Die Rechnung stimmt nicht.
Das Auto ist nicht kaputt.
In der Kasse fehlt kein Geld.

Verneinungen können sachlich, sprachlich und logisch sehr unterschiedlich gefaßt sein. Diese Übung zielt nicht auf diese Unterschiede. Es soll vielmehr zunächst die Verneinung erkannt werden und aus ihr eine Bejahung, eine positive Form entstehen, die nicht durch ein Weglassen der Verneinung gebildet ist. Beispiel: Es regnet nicht, die Sonne scheint. Der Text kann zunächst gelesen werden und dann für die Übung in diesem Sinne dienen.

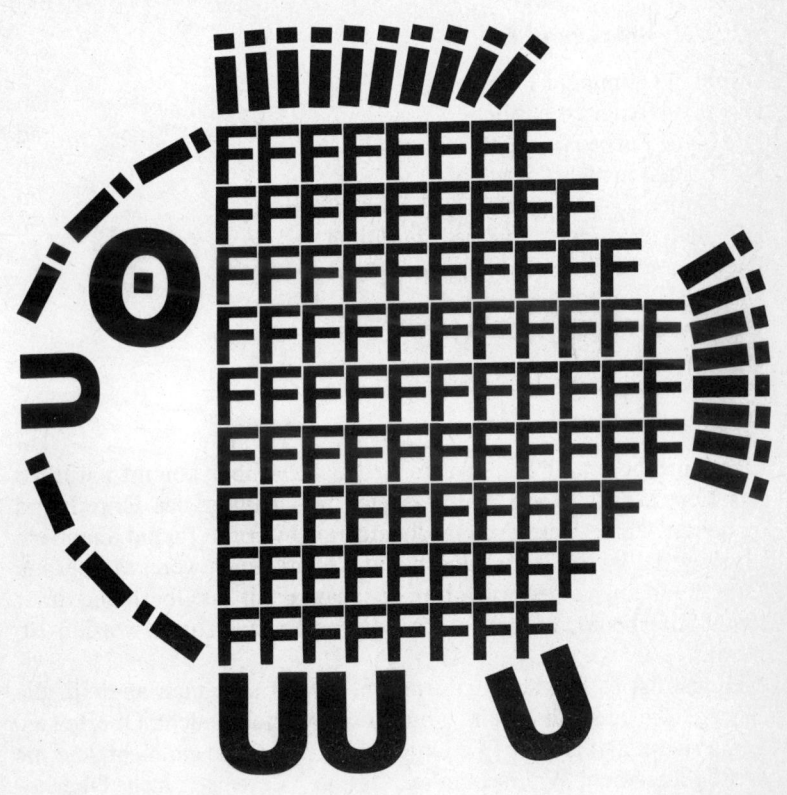

Wie viele Blau kennst du?

Der blaue Himmel ist wolkenlos.
Das blaue Auge ist häßlich.
Die blaue Farbe ist eingetrocknet.
Der blaue Anzug ist dreckig.
Die blauen Früchte sind Feigen oder Pflaumen.
Die blauen Wälder sind eine Täuschung.
Die blauen Figuren sind angemalt.
Blaue Blumen gibt es.
Das blaue Wasser ist gefärbt.

Oben und unten

Das Unterhemd wird zuerst angezogen. Darüber kommt natürlich das Oberhemd. Wenn man das Oberhemd unter das Unterhemd anziehen würde, wäre das Oberhemd ein Unterunterhemd. Denn ein Unterhemd kann nie ein Oberhemd werden, auch wenn es über ein Oberhemd angezogen wird. Immer schaut dann das Oberhemd unter dem Unterhemd, das über das Oberhemd angezogen worden ist, heraus.

Genauso ist es mit den Unterhosen. Leider sagt man aber für die Hosen, die man über die Unterhosen anzieht, nicht Oberhosen, sondern einfach Hosen. Die Unterhosen kann man gar nicht über die Hosen anziehen. Wahrscheinlich sagt man deswegen nicht Oberhosen, weil solche Hosen immer über die Unterhosen angezogen werden müssen.

Die Unterhosen und die Unterhemden werden unter dem Oberhemd und der Hose getragen. Aber eigentlich muß man das Unterhemd noch ein Stück unter die Unterhose ziehen, damit das Unterhemd nicht über der Unterhose getragen wird, denn über der Unterhose wird auch das Oberhemd getragen, unter der Hose überhaupt. Wenn die beiden Hemden beide über die Unterhose getragen würden, könnten sie sich miteinander unter Umständen schlecht vertragen.

also vielleicht verschieben und einen Haufen bilden, den man über der Hose dann sieht. Deswegen trägt man die Unterhose über dem Unterhemd und das Oberhemd über der Unterhose und dem darunter eingezogenen Unterhemd.

Genauso ist es beim Oberarm und Unterarm. Zuerst kommt der Oberarm und dann der Unterarm. Man kann nicht einen Unterarm am Körper tragen und am Unterarm noch einen Oberarm haben mit einer Hand und Fingern daran. Bei den Beinen ist es ein wenig anders. Beine sind Beine. Oben und unten ist der Schenkel, nämlich der Oberschenkel und der Unterschenkel, und diese darf man wieder nicht vertauschen.

Wer allerdings auf dem Kopf steht, hat wenigstens für eine kurze Zeit den Unterschenkel oben und den Oberschenkel unten.

20

Wer hat etwas?

Er hat einen Hut.
Er hat nichts zu lachen.
Er hat kein Geld.
Er hat sich verrechnet.
Er hat und hat und hat nichts mehr im Geldbeutel.
Er hat etwas gegen mich, ich weiß nicht was.
Er hat nichts gegessen und hat keinen Hunger.
Er hat alles: Bananen, Käse, Brot, Milch und Aktenordner.
Sie haben ihn. Sie haben ihn wieder verloren.

Das eine Wort, um das es hier in allen Sätzen geht, sollte auch im Lesen hervorgehoben werden: hat, haben. Die Übung dient der Schulung des Hörens, sie läßt aber auch Gespräche über Bedeutungsunterschiede zu.

Die Katze und der Spielzeugkran

Peter besaß einen großen Spielzeugkran. Eines Tages besuchte ihn sein Freund Martin. Er brachte eine kleine Katze mit, die sich auf seinen Spielzeugkran setzte. Peter zeigte, was man mit dem Spielzeugkran alles machen kann. Er drückte auf einen Knopf und ließ die Leiter ausfahren. Die Leiter fuhr aus dem Fenster hinaus, die Katze blieb obendrauf sitzen und fuhr mit hinaus.

Von oben dirigierte nun die Katze den Spielzeugkran. Sie ließ das Auto, das dazugehörte und noch im Zimmer stand, größer werden, indem sie auf einen anderen Knopf drückte. Das Spielzeugauto fuhr an die Fensterbank, sprang mit einem Sprung auf die Fensterbank und flog dann hinunter auf die Straße. Es ging dabei nicht etwa kaputt, sondern landete ganz weich auf den Rädern. Auf der Straße setzte es sich langsam in Bewegung. Die Katze saß oben auf der Leiter und lenkte das Auto von oben. Sie ließ die Leiter zurückkurbeln, sprang auf das Dach des Autos, und mit einem großen Satz sprang sie vom Auto in einen Garten, in dem sie verschwand.

Phantastische Geschichten werden von den Kindern geglaubt. Sie regen ihre Phantasie an und fördern die sprachliche Vorstellungskraft. Darüber sollte man jedoch nicht versäumen, den Blick für Mögliches und Nichtmögliches zu schärfen. Das beabsichtigt diese Geschichte. Fragen Sie, was wirklich geschehen kann.

Warum ist das Fenster kaputt?

Das Fenster ist kaputt, weil ein Schüler einen Stein in das Fenster geworfen hat.
Das Fenster ist kaputt, es hat ein Loch.
Das Fenster ist kaputt, weil die Tür zugeschlagen worden ist.

Das Fenster ist kaputt, weil das Glas darin zerbrochen ist.
Das Fenster ist kaputt, aber das Glas ist nicht beschädigt.
Das Fenster ist kaputt, aber es zieht nicht im Zimmer.
Das Fenster ist kaputt, aber niemand hat es beschädigt.
Das Fenster ist kaputt, es läßt sich nicht mehr schließen.
Das Fenster ist kaputt, es läßt sich nicht mehr öffnen.
Das Fenster ist kaputt, es ist beim Glaser.
Das Fenster ist kaputt, es kann nicht ersetzt werden.

Am Fenster kann die Scheibe kaputt sein.
Am Fenster kann der Griff kaputt sein.
Am Fenster kann das Scharnier kaputt sein.
Am Fenster kann der Rahmen kaputt sein.

Ein Fenster, das beim Glaser ist, kann noch kaputt sein, es kann aber auch schon repariert sein.
Ein Fenster, das kaputt ist, kann stören, weil . . .
Ein Fenster, das kaputt ist, braucht aber nicht immer zu stören.

Ein Fenster kann von selber kaputtgehen. Ein Fenster kann durch den Wind kaputtgehen.
Ein Fenster kann durch Gegenstände kaputtgehen.
Ein Fenster kann durch Personen beschädigt werden.

Wo es Ecken gibt

Es gibt Vierecke, Dreiecke, Sechsecke, Achtecke, Zehnecke, Zwölf-ecke. Diese kann man ausschneiden, es sind Flächen. An den Flächen lassen sich die Ecken zählen. Ein Dreieck hat drei Ecken, ein Viereck vier Ecken und so weiter. Ein Eineck gibt es nicht, ein Zweieck gibt es auch nicht. Es gibt ein Vieleck mit vielen Ecken.
In den Räumen kann man Ecken finden. Unten und oben, an den Fenstern und an den Türen, an den Möbeln und an Geräten.

Wie ist es in der Schweiz?

In der Schweiz ist es wie in der Schweiz.
Im Elsaß ist es wie im Elsaß.
In Frankreich ist es wie in Frankreich.
In Spanien ist es wie in Spanien.
In England war es wie in Norddeutschland.
In Italien war es nicht wie in Deutschland, sondern wie in Italien.
In Deutschland war es wie in Amerika.

In Griechenland war es wie in der Türkei.
In Österreich war es wie in Österreich.
In Ungarn war es wie in Ungarn.
In Schweden ist es wie in Finnland.
In Norwegen ist es wie in Norwegen.
In Rußland ist es wie in Rußland.
In China ist es überall wie in China.
In Asien ist es immer wie in Asien.
Und Afrika ist Afrika.

Wie ist es in der Schweiz?
Wie war es in . . .
Warst du schon in . . .
Kennst du jemand, der in . . . war?
Kennst du etwas aus der Schweiz?
Kennst du etwas aus Österreich?
Weißt du, wie die Leute in . . . heißen?

Dieser Text bietet keinen nach-erzählbaren Inhalt. Die Auf-merksamkeit soll vielmehr auf das «wie» gelenkt werden. – *Wenn Informationen über be-stimmte Länder vorliegen, lassen sich die Sätze als Frageübungen verwenden.*

Was die Namen verschweigen

Die Puppen heißen: Hans, Eva, Arno, Sissi.
Die Hunde heißen: Hans, Eva, Arno, Sissi.
Die Kinder heißen: Hans, Eva, Arno, Sissi.

Die Puppen, die Hunde und die Kinder haben dieselben Namen:
Hans, Eva, Arno, Sissi.

Hans kriecht auf dem Boden. Welcher Hans kann das sein?
Sissi beißt, wenn man sie berührt. Welche Sissi kann das sein?
Eva ist sehr schön angezogen. Welche Eva kann das sein?
Arno hat große Ohren. Welcher Arno?
Eva hat schwarze Wimpern. Welche Eva?

Hier werden Namen in einer gewissen Vieldeutigkeit gebraucht. Die Zuordnung zum richtigen Träger des Namens wird mit Merkmalen geleistet. – Die Übung läßt sich mit allen Tätigkeiten und weiteren Merkmalen fortsetzen, die die Kinder kennen oder kennenlernen sollen. Bei diesem Spiel können die Kinder auch die Erwachsenen fragen.

Allerlei Geld und wie es genannt wird

Früher war das Münzgeld nicht aus Messing oder Silber wie heute, sondern aus Gold und Silber, und die Pfennige und Markstücke hießen auch noch anders, nämlich Heller und Taler oder Schilling und Gulden wie auch heute noch in einigen Ländern. Eine ganz besonders wertvolle Münze waren die Dukaten; sie waren immer aus Gold, und man konnte sehr viel mit ihnen kaufen. Heute heißt in keinem Land das Geld so, nur im Märchen kommt dieses Wort noch manchmal vor.

Beim Gärtner

Der Gärtner mit den Blumen
Die Blumen im Hause
Die Blumen ohne Wasser
Der Gärtner vor den Blumen
Die Blumen im Freien
Die Blumen ohne Gärtner
Die Blumen auf dem Felde
Der Gärtner im Hause
Der Gärtner als Beamter
Die Blumen ohne Freiheit
Der Dienst der Blumen
Die Verschönerung des Gartens
Der Garten als Ordnung
Die Aufgabe des Gärtners
Die Blumen ohne Blüten
Das Wasser für die Blüten
Die Erde der Blumen
Das Gesicht des Gärtners
Die Mühsal der Blumen im
Hause
Die Arbeit des Gärtners
Die Farben der Erde der Blumen
Die Hände des Gärtners
Die Geräte der Blumen
Die Neuigkeit der Blumen
Die Schuhe des Gärtners
Die Köpfe der Blumen
Das Blumenbouquet
Das Gartenbankett
Die Gärtnerei mit den Blumen

Gibt es das?

Tot
Mausetot
Ganz tot
Halb tot
Schon lange tot
Fast tot
Klinisch tot

Tote Helden
Tote Soldaten
Tote Pflanzen
Tote Städte
Tote Dörfer
Tote Landschaften
Tote Glieder
Tote Fische
Tote Vögel
Tote Hände

Gibt es tote Städte?
Was sind tote Landschaften?
Was sind tote Hände?

Wer kennt Zypressen?

Bäume, die Zypressen heißen, findet man vor allem in den Ländern des Mittelmeeres. Die Zypressen haben eine sehr auffällige Form und stark duftendes Zypressenholz. Sie sehen aus wie Spindeln oder wie dünne Kegel oder wie ganz regelmäßige Pfeilspitzen. Meist stehen mehrere Zypressen beieinander. Wenn sehr viele Zypressen gepflanzt sind, entsteht ein Zypressenhain. Zypressenwald kann man nicht sagen, weil nur Bäume, die viel Schatten werfen, einen Wald bilden können. Die Zypressen sind aber so schmal wie Kerzen oder Masten, wie werfen wenig Schatten, und weil sie nicht dicht beieinander gepflanzt werden, bilden sie einen Hain.

Das verschleppte Fahrrad und das verlorene Messer

Peter hat das Fahrrad an den Gartenzaun gestellt. Martin ist mit dem Fahrrad ein Stück weitergefahren und hat es wieder an den Gartenzaun gestellt. Thomas hat das Fahrrad über die Straße geschleppt und auf der anderen Seite an einen Gartenzaun gelehnt. Peter findet das Fahrrad nicht mehr. Wer hat es verschleppt?

Fritz hat sein Taschenmesser verloren. Hans weiß, wo Fritz mit seinen Freunden gewesen ist, als er es das letzte Mal benutzt hat. Klaus erzählt, daß Peter mit seinen Freunden am Nachmittag am Bach gewesen ist und im Keller von Fritz und daß er auch auf dem Fußballplatz gewesen ist. Paul weiß, daß er Peter zum letztenmal mit dem Messer hat schnitzen sehen, als er einen Haselnußstock verzierte. Wo hat Peter das Messer wahrscheinlich verloren?

In diesen beiden Aufgaben soll mittels einiger Einzelheiten ein Zusammenhang erschlossen werden. Einige Fragen können hierbei von Nutzen sein. Zum Beispiel: Was tun die Kinder? Was haben sie getan? Wann haben sie etwas Bestimmtes getan?

Die Geschichte von den Rädern auf der Straße

Vier Räder fahren auf der Straße. Sie haben sich verirrt. Sie finden den Weg nicht mehr zusammen. Eines bleibt liegen, die anderen drei fahren weiter, bis noch einmal ein Rad an einem Baumstamm hängenbleibt, so daß nur noch zwei weiterrollen.

Wer könnte das sein?

Hier sind ein paar Möglichkeiten:
Vier Fahrräder fuhren auf der Landstraße.
Ein Auto fuhr auf der Landstraße.
Vier herrenlose Räder von Autos rollten auf der Landstraße dahin.
Vier Buben fuhren auf Fahrrädern.
Ein Taxi fuhr auf der Landstraße.
Ein Unfall passierte, bei dem sich die vier Räder eines Wagens lösten.

Welche Möglichkeit kann oben beschrieben sein? Was ist das?
Was kann nicht der Fall sein von den aufgezählten Möglichkeiten?

Das alles ist im Klo

Der Geruch im Klo
Das Wasser im Klo
Das Licht im Klo
Die Wände im Klo
Das Papier im Klo
Der Lichtschalter im Klo
Die Fußmatte im Klo
Die Leute im Klo
Das Fenster im Klo
Die Tür im Klo

Der Abfluß im Klo
Der Wasserkasten im Klo
Das Klogeräusch
Die Klowände
Die Klofliesen
Die Klodecke
Das Klospülmittel
Das Klosett
Die dicke Wurst
Und das Pipi

L

Zwiegespräch

Ein Dicker sagte zu einem Lahmen: «Du siehst schlecht.» Darauf
erwiderte der Lahme: «Das kann schon sein, ich weiß es nicht genau.
Laß dich einmal ansehen, damit du prüfen kannst, ob ich recht habe.
Ich sage dir, wie du aussiehst. Es scheint mir, du bist sehr schlank,
mein Lieber.» Darauf sagte der Dicke zum Lahmen: «Das habe ich
schon vorher gewußt.»

Wie ist der Dicke wirklich?
Wie sieht ihn der Lahme wirklich?
Was sagt der Lahme zum Dicken?
Sagt er die Wahrheit?
Weiß der Dicke, daß er dick ist?
Warum sagt der Dicke: «Das habe ich schon vorher gewußt.»?

Alte und neue Lampen

Früher gab es keine elektrischen Lampen, sondern nur Petroleum-
lampen. In diesen brannte eine Flamme an einem Docht, der mit
Petroleum getränkt war. Die Flamme erzeugte Licht, und damit die
Flamme nicht von einem Luftzug ausgeblasen würde, war sie von
einem Glas umgeben. Das Ganze war die Lampe. Heute gibt es nur
noch elektrische Lampen. Es gibt in ihnen elektrische Birnen, die
durch den elektrischen Strom zum Leuchten gebracht werden. Lampe sagt man nur noch für die Form, nicht mehr für die ganze Lampe,
denn eine Birne ist keine Lampe. Eine Petroleumlampe ist eine
Lampe.

Wenn es Abend wird

Die Lichter in den Straßen gehen meist schon an, bevor es dunkel
wird. Man sieht die Dämmerung nicht mehr, es ist gleich Abend. In

den Wohnungen gehen plötzlich die Lichter an. Wenn die Lichter wieder ausgehen, ist der Abend vorbei, dann gehen die Leute schlafen. In den Straßen bleiben nachts die Lichter an.

In Italien müssen die Kinder nicht gleich nach dem Abendessen ins Bett. Sie dürfen länger aufbleiben. Bis in die Nacht hinein. Manche Leute arbeiten auch abends und in der Nacht.

Im Sommer sind die Tage länger, es wird später dunkel und früher wieder Tag. Die Winterabende sind besonders lang.

Die Spirale hat keinen Anfang und kein Ende

Man kann einen Draht so biegen, daß er eine Spirale wird. Man muß ihn um einen Stab wickeln und dann herunterziehen. Die Spirale hat keinen Anfang und kein Ende. Die beiden Enden des Drahtes könnten nämlich mit einem neuen Draht verlängert werden, und immer noch wäre es eine Spirale. Man nennt nicht nur eine solche Drahtspirale eine Spirale, sondern auch eine Linie, die sich in derselben Weise dreht. Deshalb kann man zu einer Spirale Schraubenlinie sagen; die Windungen an einer Schraube haben die Form einer Spirale.

Eine besondere Spirale ist die sogenannte Schneckenlinie. Das ist eine Spirale, die kleiner wird in ihren Windungen.

Es gibt Spiralfedern, Spiralbohrer, Spirallinien, Eisenspiralen und Spiralröhren.

Der Baum

«Mami, es hat geklingelt, ein Baum steht vor der Tür.»

«Meinst du, der Christbaum?»

«Nein, schau doch mal. Ein Baum steht vor der Tür und raucht Pfeife.»

«Das gibt es doch gar nicht.»

«Doch, doch, er hat sogar einen Hut auf und Schuhe an.»

«Und was hat er denn gesagt, wenn er einen Hut aufhat und Schuhe anhat, denn dann kann er doch wahrscheinlich auch reden.»

«Ja, er kann reden, und er hat gesagt, du sollst einmal vor die Tür kommen.»

«Das tue ich aber bestimmt nicht. Denn entweder es ist ein Baum, dann kann er nicht reden, oder es ist ein Mann, der Pfeife raucht, einen Hut auf dem Kopf hat und Schuhe an den Füßen, dann kannst du ja selbst zu ihm sagen, er soll hereinkommen.»

«Er will aber nicht hereinkommen, denn es ist ja ein Baum, und Bäume können sich bekanntlich nicht bewegen.»

«Wenn er sich nicht bewegen kann, kann er auch nicht klingeln.»

«Geklingelt hat es aber.»

«Nun gut, es kann doch jemand anders geklingelt haben, der nicht mehr vor der Tür steht. Nun wollen wir mal sehen, wer vor der Tür steht.»

«Siehst du, nun steht gar niemand mehr vor der Tür. Hättest du nicht so lange geredet, dann wäre der Baum nicht verschwunden.»

«Und hättest du nicht gesagt, es hat geklingelt und draußen steht ein Baum vor der Tür, dann wären wir gar nicht auf die Idee gekommen, die Tür aufzumachen.»

Nachwort

Der Ausdruck «Sprachspiele für Kinder» bedarf einer Erläuterung.[1] Es handelt sich bei den vorliegenden Texten um einen spielerischen Umgang mit Einzelwörtern, Wortbedeutungen, Satzfolgen und Satzzusammenhängen. Es handelt sich nicht um Spiele im eigentlichen Sinne, die entweder als Übungs-, Symbol- oder Regelspiele unterschieden werden können. Der Ausdruck Sprachspiel deckt sich auch nicht mit der Verwendung dieses Wortes, die bei Wittgenstein für eine philosophische Aufklärung der Sprache zu finden ist.[2]

Die einzige Berechtigung für den Gebrauch des Ausdrucks Sprachspiele im Sinne von spielerischem Umgang liegt in dem leicht zu beobachtenden Verfahren der Sprache selbst, Äußerungen abzuwandeln, Synonyme zu verwenden, in variantenreichen Wiederholungen einen Gegenstand zu umkreisen, zweideutig zu formulieren usw. In den Rahmen dieses Spiels in der Sprache gehören dann sehr verschiedene Strukturen: der bedeutungsleere Reim ebenso wie eine Geschichte, die aus nichts als Worten besteht.

Daß die Kinder einem solchen Umgang mit der Sprache näher sind als der Erwachsene, ist leicht zu beobachten. Diese Eigentümlichkeit der Kindersprache wurde vielen Texten zugrunde gelegt. Dies ge-

1 Im Hinblick auf die Einschätzung der didaktischen Möglichkeiten von Sprachspielen hat sich seit dem ersten Erscheinen dieser «Sprachspiele für Kinder» (Stuttgart, 1973) einiges geändert. Sprachspiele – der Begriff ist in der hier verwendeten Fassung seitdem häufiger anzutreffen – findet man in Lesebüchern, Sprachbüchern, Kinderzeitschriften und Schulfunksendungen. Jene Vorläufer, die auch diese «Sprachspiele für Kinder» beeinflußt haben, tauchen direkt oder in abgewandelter Form immer wieder auf (Morgenstern, Valentin, E. Jandl, F. Mon u. a.). Die Verwendungsmöglichkeiten sind zweifellos noch nicht ausgeschöpft, vor allem auch deshalb, weil eine linguistische Diskussion dieses Materials noch aussteht.

2 Der Begriff des Sprachspiels ist hier zunächst durchaus anders zu verstehen als bei L. Wittgenstein. Trotzdem lassen sich leicht Beziehungen aufzeigen, zum Beispiel verweist ein spielerischer Umgang mit einem Wort auf die Regel, die den nichtspielerischen Umgang desselben Wortes bestimmt. Die «Grammatik eines Wortes» (Wittgenstein) zeigt sich zwar im Gebrauch des Wortes, insofern ein Wort bestimmte Wörter zur Folge hat, zuläßt, andere Wörter jedoch abweist – und dieses Durchspielen der Fälle ist sicher kein Sprachspiel im Sinne Wittgensteins, es grenzt aber jenes Sprachspiel ein, das Wittgenstein meint.

schah vor allem in den Formen, in denen das Kind mit den Erwachsenen kommuniziert, also in der Form des Fragens, Erzählens, Diskutierens, Erklärens.

Trotzdem stellen die Texte keine gewissermaßen protokollarische Wiedergabe von Unterhaltungen mit Kindern dar. Die Texte sind konstruiert in einer Richtung, in der der Zuwachs an Sprachkraft vermutet wird: in dem Spielraum der Möglichkeiten, den Wörter, Sätze und Satzzusammenhänge haben.

Dieser Aspekt der «Sprachspiele für Kinder» trifft gleichzeitig eine andere Tendenz der Kindersprache, die zwar etwas weniger bekannt und auffällig, aber ebenso wirksam ist: ihre Selbstgenügsamkeit. Vorsprachliches Einverständnis der Kinder mit ihren Bezugspersonen, ein intensiver Handlungsraum,[3] der sprachliche Symbolik zunächst abweist, und die Erfahrung des Kindes, daß sprachliche Äußerungen ein bestimmtes Erlebnis, einen bestimmten Gegenstandsbereich rasch abdecken und festlegen können, führen dazu, eine gewisse Sprechfaulheit zu entwickeln.

Die vorliegenden Texte operieren vor allem mit Verfremdungen gegen diese «Sprechfaulheit», wobei es durchaus erhebliche Unterschiede in der Intensität und in den Zielen der Verfremdung gibt. Die Isolierung einzelner Wörter und die Kombination von zusammenstimmenden Einzelwörtern zu Serien sind einfache und zurückhaltende Verfremdungen. Dagegen stellen Codierungen, absurde Geschichten, Textcollagen und Textanalysen extremere Fälle der Verfremdung dar.

Es muß dem Praktiker und seiner Einschätzung der Situation überlassen bleiben, wie diese Texte verwendet werden. Daß solche Texte auch abgewandelt und mit anderen Beispielen imitiert werden können, versteht sich von selbst. Das setzt allerdings eine genaue Kenntnis der «Reizmittel» der Sprache voraus.

3 Vgl. Lurja, A. R. und Judowitsch, F. J., die diese Behinderung der Sprachentwicklung durch außersprachliche Verständigung in einem psychologischen Versuch nachgewiesen haben (Die Funktion der Sprache in der geistigen Entwicklung des Kindes, 1970).

Eine solche Kenntnis erwirbt der Erwachsene in der gegenwärtigen sprachtheoretischen Diskussion weniger aus den Theorien zur Kommunikation und zur Handlungsabhängigkeit des Sprechens. Wesentlich ergiebiger in dieser Hinsicht sind alle jene Materialien, in denen überflüssiges Sprechen demonstriert wird. Dazu zählen literarische Produktionen (konkrete Poesie), aber auch Werbetexte, Redewendungen, Witzsammlungen usw.

Man braucht als Erwachsener ein Bewußtsein dafür, daß die Sprache auch dann noch etwas sagt, wenn der Sprecher eigentlich nichts oder nichts Besonderes sagen wollte. Denn die Sprache bringt mehr zutage, als nur die Absichten des Sprechers. Sie ist nicht zuerst ein Instrument, mit dem man bestimmte Erfahrungen, die schon vorliegen, ausdrücken kann, als vielmehr eine Möglichkeit, überhaupt erst Erfahrungen zu machen. Wobei natürlich an diesem Ort dasselbe gilt, was oben für die Kindersprache behauptet wurde, daß bestimmte sprachliche Konventionen eine Sache abdecken, einen standardisierten Umgang mit ihr nahelegen usw. Unter diesem Gesichtspunkt lassen sich die Sprachspiele auch als Sprachtrainingsmaterial für den Erwachsenen verwenden. Und in einem gewissen Sinne sind «Sprachspiele für den Erwachsenen» die Voraussetzung für einen sinnvollen Umgang mit den Sprachspielen für Kinder. Jene größere Unbekümmertheit der Kinder gegenüber einem abweichenden Sprachgebrauch muß sich der Erwachsene erst wieder erwerben, wenn er die Kindersprache verstehen und fördern will.

Eine weitere wichtige Voraussetzung für den richtigen Umgang mit den «Sprachspielen für Kinder» liegt auf theoretischer Ebene. Als These verkürzt formuliert: Sprechen ist nicht Benennen. Es gibt zwar einen ganz bestimmten Sprachgebrauch der Benennung, aber dieses Modell darf nicht als Muster für den Sprachgebrauch im allgemeinen verstanden werden. Der Sprachgebrauch ist vielmehr immer handlungsbezogen, auch dort, wo das nicht offen zutage tritt. Sprechen ist eine «Lebensform» (Wittgenstein). Was die Wörter und Sätze bedeuten, ergibt sich nur aus dem Zusammenhang jenes Lebensvollzuges, in dem sie vorkommen.

Das erschwert jede Sprachförderung, denn der übliche Rückgriff auf die formalen Strukturen der Grammatik setzt diesen Sprachgebrauch in einer Situation schon voraus. (Dasselbe gilt für die Verwendung des Lexikons, in dem die Wörter nicht abstrakt erklärt werden, sondern nur im Hinblick auf den aktuellen Sprachgebrauch.)

Auch die Sprachförderung mit Sprachspielen wird zunächst dadurch behindert, daß «Sprechen Teil einer Tätigkeit oder einer Lebensform ist» (Wittgenstein). Dieser Satz läßt sich jedoch auch umgekehrt lesen: Wenn Sprechen Teil einer Lebensform ist, dann erzeugt das Sprechen dort, wo es unabhängig von realen Situationen zu geschehen scheint, den Ernstfall eines Lebensvollzuges. Zum Beispiel: eine Unterhaltung, unverbindlich nichtssagend; plötzlich spitzt sie sich zu; durch nichts als Worte! In ähnlicher Weise holt ein spielerischer Umgang mit der Sprache jene reale Dimension zurück, die er zu verlassen schien.

Das sehr populäre Modell der «Benennung durch Sprache» behindert vor allem insofern die elementarsten Möglichkeiten einer Sprachförderung, als dieses Modell sehr leicht eine Deutung des Gesprächs zuläßt. Auf folgende Weise: spricht ein Erwachsener mit einem Kind über einen Zusammenhang, eine Sache, die der Erwachsene sprachlich beherrscht, das Kind aber noch nicht beherrscht, so scheint es, daß das Kind lediglich die richtigen Wörter (wie Namen) übernehmen müsse, um den Zusammenhang, die Sache, auch zu beherrschen. Diese Deutung greift jedoch zu kurz. Eine bloße Wiederholung ist noch keine sprachliche Artikulation. Damit das Kind den Zusammenhang, die Sache, sprachlich in den Griff bekommt, muß es von den Möglichkeiten ausgehen, die ihm die Kindersprache bereitstellt. Sprachspiele, die mit der Vieldeutigkeit sprachlicher Strukturen arbeiten, sensibilisieren für verschiedene Möglichkeiten des Sprechens. Erst daraus entwickelt sich sprachliche Artikulation.

Zur methodischen Handhabung der Sprachspiele

Texte, die vorgelesen werden, bedürfen eigentlich keiner weiteren methodischen Hinweise. Die Texte sind im allgemeinen sehr einfach formuliert, es ist in ihnen nichts Besonderes versteckt, das eine Interpretation erfordern würde, und sie knüpfen an die Kindersprache an. Sie sind so konstruiert, daß alles Didaktische schon in ihnen selbst enthalten ist. Es bedarf deshalb keiner besonderen Motivation durch eine bestimmte Sache, um die einzelnen Texte vorzulesen. Vorlesen ist selbst Motivation genug für Kinder, die noch nicht lesen können.

Es wäre auch ein Mißverständnis, wenn man für alle die Texte, die sich mit irgendwelchen Sachzusammenhängen einlassen, die jeweilige Sache auf einer anderen als der sprachlichen Ebene zuerst oder gleichzeitig auch noch «behandeln» sollte. Sprache ist selbst eine «Sache». Das Gleiten von einem Ausdruck zum anderen, der Neuigkeiten zutage bringt, öffnet mehr Möglichkeiten des Zugangs zu den Realitäten, als ein Vorzeigen der Realitäten selbst.

Daß Vorlesen mühelos in mögliches Sprechen übergeht, ist selbstverständlich. Einige Kommentare zu Sprachspielen zeigen Wege, wie solches Sprechen in Gang kommt. Den entscheidenden Anstoß für solche Unterhaltungen enthalten allerdings die Texte selbst, insofern sie nicht abgeschlossen sind, Unwichtiges enthalten, Bekanntes in neuer Form, ein wörtliches Verständnis, das auch Kinder schon in übertragenem Sinne kennen usw.

Von diesen Momenten der Texte, die für den Erwachsenen sehr leicht mißverständlich sind, da er gewohnt ist, vollständige, richtige und wesentliche Sachen zu lesen, geht ein starker Impuls aus für Unterhaltungen, die sehr weit führen können. Man muß sich immer wieder vergegenwärtigen, daß die Texte Gesprächsausschnitte bieten. Sie liegen gewissermaßen nur zufällig in schriftlicher Form vor. Sie weisen Dinge auf, die den Kindern schon bekannt sind, zeigen aber neue Möglichkeiten innerhalb des schon Bekannten. Auf diese Weise fördern die Texte Kreativität, obwohl eine solche Förderung weder besonders betont ist, noch auch für sprachliche Vorgänge besonders ungewöhnlich ist. Denn jedes Sprechen ist kreativ, wobei man sich allerdings vergegenwärtigen muß, daß in vielen alltäglichen Situationen ein nicht-kreatives Sprechen in Klischees für die Bewältigung der Situationen völlig ausreichend ist.

Einige Texte basieren auf grammatischen Mustern, die durch Wiederholung geübt werden. Eine besondere grammatische Schulung ist damit jedoch nicht beabsichtigt. Wenn grammatische Fehler im Sprechen bei den Kindern auftauchen, können sie mündlich korrigiert werden. Meist wird der Umgang mit grammatischen Regeln in der Grundschule zu früh begonnen und überschätzt. Sprachförderung zielt auf den Möglichkeitsspielraum der Sprache, nicht auf die richtige oder gar treffende Ausdrucksweise. Mit Sprachspielen lassen sich jedoch grammatische Übungen sehr wirkungsvoll auflockern und intensivieren.

Der Schwerpunkt der Sprachförderung mit Sprachspielen liegt auf semantischem Gebiet. Das ist insofern verständlich, als die Entwicklung der Kindersprache in dem Zeitraum, für den diese Sprachförderung konzipiert ist, sich zum größten Teil auf eben diesem semantischen Felde abspielt. Daß trotz dieses Schwerpunktes keine «formale» Sprachförderung entsteht, liegt daran, daß die Kinder in ihren sprachlichen Äußerungen sich in viel intensiverer Form auf Handlungen beziehen, die für den Erwachsenen zwar ebenso als der Lebensvollzug gelten, der die Sprache bestimmt, den die Erwachsenen aber in vielen ihrer Sprechakte auch ausschalten können. Das Kind ist in seine Handlungen viel stärker verwickelt, seine sprachlichen Äußerungen sind deshalb durch eine größere Unmittelbarkeit bestimmt. Für die Sprachförderung hat diese Perspektive zur Folge, daß semantische Übungen zurückgeholt werden in die pragmatische Dimension, daß sie verglichen werden mit den Sprechabläufen, die durch die Handlungen der Kinder bestimmt werden. Außerdem ergänzt die Situation, in der vorgelesen wird, in der Unterhaltungen über Texte stattfinden, die den semantischen Perspektiven fehlende Pragmatik. Mit anderen Worten: das Kind muß die Texte mit seinem gewohnten Sprachgebrauch verbinden können, die Begegnung mit den Texten muß zu einem solchen Gebrauch führen, sonst verfehlen sie ihren Zweck.[4]

Das bedeutet für die methodische Handhabung, daß sehr flexibel mit den Texten umgegangen wird. Die Grundprinzipien der Förderung semantischer Strukturen der Kindersprache sind so vereinfacht, daß sie auch sehr leicht auf andere sprachliche Materialien und Daten angewendet werden können: Isolierung von Bedeutungen, Durchspielen der Möglichkeiten einer Bedeutung, Veränderung von Bedeutungen durch wechselnde sprachliche Zusammenhänge (Kontext), Steigerung bzw. Scheitern von Bedeutungen durch phantastische Geschichten, Kombination von Bedeutungen, Modelle mit Wortketten, Anfragen, Wiederholungen, Verwechslungen.

Zu allen diesen Gesichtspunkten lassen sich im Gespräch mühelos Beispiele entwickeln: («Wer weiß, was faul ist?»; oder: «Wie groß sind Bäume»; oder: «Wozu kann man Schiffe verwenden?») Bei einer schulischen Verwendung einzelner Sprachspiele lassen sich die Abwandlungen der Sprachspiele steigern. Dabei kann durchaus die emotionale Seite der Kindersprache, die in den Sprachspielen mit Nonsens-Texten – Wortkombinationen, «Sprechmaschinen» und lustigen Worterklärungen – beachtet wurde, zu ihrem Recht kommen.

Ausgewählt wurden die Wortbedeutungen, die in den Worterklärungen von Sprachspielen vorkommen, nach unterschiedlichen Maßstäben: Sowohl unbekannte wie unbeachtete Wörter, ebenso aber bekannte und vieldeutige Wörter, dazu seltene und schwierige, fremdartige und vertraute. Besonders ergiebig für die Sprachförderung sind Homonyme (dasselbe Wort, aber zwei Bedeutungen), da die Sensibilisierung für Unterschiede an ein und demselben Wort geleistet wird.

---

4 Die Diskussion über die «kompensatorische Sprachförderung» (B. Bernstein) ist noch nicht abgeschlossen. Einer Phase sehr positiver Rezeption folgte eine eher kritische Einschätzung dieser These. Auffällig ist außerdem, daß die Thesen Bernsteins vor allem auf wissenschaftlichem Felde diskutiert wurden, dagegen kaum praktisches Material in ähnlicher Intensität entwickelt worden ist.

Es muß an dieser Stelle noch einmal betont werden,[5] daß solche Überlegungen in den Texten stecken, sie sind gewissermaßen einprogrammiert – sie sind jedoch nicht Interpretationshilfen, ohne die die Texte nicht zur Wirkung kämen. Wenn sie hier dennoch genannt werden, so allein deshalb, damit der Praktiker mit ihrer Hilfe neue Texte erfinden oder Texte für eine bestimmte Situation abwandeln und vereinfachen kann. Das setzt allerdings voraus, daß der Erwachsene selbst einen flexiblen Umgang mit der Sprache kennt oder an Hand einzelner Texte, die auch für den Erwachsenen reizvoll sind, erwirbt. Dabei kann es durchaus zu unterschiedlichen Ergebnissen kommen. Aber auch das gehört zur Sprachförderung: der Erwachsene vergleicht sein Verständnis mit dem Verständnis der Kinder und artikuliert die Unterschiede im Verstehen.

Grenzen der Sprachförderung

Eine gezielte Sprachförderung im frühesten Kindesalter setzt voraus, daß die Kinder auf natürliche Weise sprechen lernen und sie ein gewisses Minimum an sprachlicher Ausdrucksfähigkeit besitzen. Sprechen lernen die Kinder in den ersten beiden Lebensjahren jedoch nicht so, wie man sich das üblicherweise vorstellt: durch Nachahmung oder gar Nachsprechen der Erwachsenensprache. Sie bilden vielmehr eigene syntaktische Formen und semantische Wendungen, die abweichen von der Struktur der Erwachsenensprache. Es ist offenkundig, daß eine solche Struktur der Kindersprache keiner Sprachförderung zugänglich ist.[6]

5 Ein wissenschaftliches Nachwort, in dem unter anderem die Konzeption des Bildmaterials und wissenschaftstheoretische Überlegungen angestellt wurden, enthält die 1973 erschienene Ausgabe der «Sprachspiele für Kinder» (Deutsche Verlagsanstalt, Stuttgart).
6 Man darf den Erwerb der Muttersprache nicht nach dem Modell des Erwerbs einer Fremdsprache zu begreifen versuchen. Das Erwerben der Fremdsprache setzt sprachliche Strukturen voraus, mit denen die Andersartigkeit der Idiomatik, Syntaktik usw. in Beziehung gesetzt wird.

Erst im Alter von etwa 3 Jahren ist eine Sprachförderung sinnvoll, die auf Grund des Wortschatzes (etwa 1000 Wörter) und der nicht mehr frühkindlichen Syntax damit beginnen kann, sprachliche Ausdrücke zu variieren. Dasselbe anders zu sagen, einem Wort eine neue Bedeutung zu geben, Sätze aufzugreifen, die die Kinder sprechen, sie aber anders fortzusetzen usw. Auf diese Weise werden sprachliche Strukturen, die das Kind beherrscht, wiederholt, aber in der Wiederholung angereichert durch die Daten, die das Kind noch nicht kennt.[7]

Durch diesen Gesichtspunkt kann man leicht begreifen, warum eine Sprachförderung mit Bildmaterialien unzureichend ist: die Kinder sprechen über die Bilder in sprachlichen Wendungen, die sie sowieso schon beherrschen. Alles was sie über ihre sprachlichen Möglichkeiten hinaus im Bild verstehen, können sie wiederum nicht sagen, es ist vielleicht auch gar nicht nötig, dieses Verständnis zu artikulieren. Wie es eine Kommunikation und eine Ausdrucksmöglichkeit *vor* dem Sprechen gibt, ebenso gibt es ein Verstehen und Sehen über das Sprechen hinaus. Die Sprache geht leer aus. Die Wiederholung dessen, was auf einem Bild zu sehen ist, in sprachlichen Ausdrücken, entwickelt nichts an den sprachlichen Ausdrücken. Was sich aus den sprachlichen Strukturen entfalten läßt, muß durch einen verfremdenden Gebrauch dieser Strukturen erreicht werden. Das gilt auch dann, wenn die Bilder nicht statisch, also eine Sammlung von Objekten, sondern dynamisch als Szenen von Geschichten, zusammenhängend angeboten werden.[8]

7 Der vom Normalen abweichende Sprachgebrauch muß nicht abnehmen, wenn die Normalität des Sprachgebrauchs zunimmt. Im Gegenteil: je gefestigter sprachliche Normen beim Kinde sind, desto risikoreicher können die Sprachspiele werden. Im ersten Lesealter kann das auch unter Einbeziehung der Schriftform geschehen. Vgl. K. W. Peukert: «Kinderlesebuch» (Stuttgart, 1974).
8 Die Illustrationen der «Sprachspiele für Kinder» sind entsprechend dem Konzept der Sprachspiele in einer «nichtillustrativen» Richtung zu verstehen. Die Bilder illustrieren nicht die Texte, sondern die sehr vieldeutigen Bilder können mit Worten «besprochen» werden. Verwandt ist dieses Konzept mit einem Aspekt der Kinderzeichnung: die Kinder sprechen, während sie zeichnen, oder beschreiben eine Zeichnung derart, daß sie mit der Beschreibung überhaupt erst vollständig ist.

Einer ähnlichen Täuschung fallen die Sprachförderungskonzepte zum Opfer, die von der Gesprächssituation ausgehen. Gewiß stellt das Gespräch eine unersetzbare Voraussetzung für die Sprachförderung dar. In einem Gespräch mit Kindern darf jedoch nicht lediglich das wiederholt werden, was die Kinder sowieso schon sprechen können. Eine wirkliche Sprachförderung geschieht nur dann, wenn in der Wiederholung neue sprachliche Momente auftauchen.[9] Das gibt es bereits im Alltagsgespräch, obwohl gerade im Alltagsgespräch viel Nicht-Sprachliches die Verständigung erleichtert und damit die Entfaltung neuer sprachlicher Möglichkeiten behindert. Wie die Sprache funktioniert, läßt sich nur an ihr selbst zeigen. Es gibt keine Demonstrationsmöglichkeit außerhalb der Sprache. Auf diesem Anspruch basieren die «Sprachspiele für Kinder».

Kurt Werner Peukert

9 Hierher gehören auch die sogenannten Nonsens-Texte. Die Rezeption solcher Texte durch Kinder geschieht allerdings in anderer Weise als beim Erwachsenen, der immer noch den Sinn im Unsinn zu verstehen sucht. Kinder beziehen den Nonsens auf die Normalität als eine Abweichung von der Normalität, durch die der Maßstab alles Normalen in Frage gestellt wird. Daraus stammt das Lachen der Kinder über den Nonsens, das im Hinblick auf den oft sehr emotionalen Unterton der Kindersprache nicht unterbewertet werden sollte.

Didaktisches Register für die Auswahl bestimmter Sprachübungen

1. Sprechen setzt Hören voraus. Sie finden Hörübungen u. a. auf den Seiten 11, 18, 19, 50, 58, 72, 160, 162.
2. Ein sicherer Umgang mit der Sprache erfordert die Kenntnis von Bedeutungsunterschieden. Sie finden die Erklärung von Wörtern und Ausdrücken in vielen Wortgeschichten, z. B. auf den Seiten 22, 24, 28, 46, 72, 80, 81, 100.
3. Sprechübungen lassen sich an sehr viele Texte anschließen. Zum Nachsprechen besonders geeignet sind die Sprachspiele auf den Seiten 13, 21, 25, 26, 61, 84, 112.
4. Ein Spiel mit Rollen enthalten die Sprachspiele, die in Dialogform gekleidet sind, z. B. auf den Seiten 38, 61, 102, 106, 118, 140, 164.
5. Wenn Sie Geschichten vorlesen wollen, so schlagen Sie bitte folgende Seiten auf: 44, 124, 126, 154, 156, 164, 165.
6. Ausgesprochen logische Übungen, in Sprachspielform, finden Sie u. a. auf den Seiten 20, 26, 54, 56, 65, 92, 108, 127, 141.
7. Sachzusammenhänge helfen beim Verstehen bestimmter Wörter. Sie finden Sacherläuterungen z. B. auf den Seiten 11, 86, 90, 97, 123, 136, 161.
8. Grammatische Übungen wurden mit Absicht vermieden. In manchen Spielen werden jedoch Satzmuster geübt. Sie finden diese u. a. auf den Seiten 27, 49, 76, 94, 120, 137, 148.
9. Verneinung ist eine wichtige sprachliche Leistung. Sie wird besonders in den Sprachspielen auf den folgenden Seiten geübt: 32, 34, 119, 146, 147, 152.
10. Was die Wörter bedeuten, hängt auch vom Zusammenhang ab, in dem sie stehen. Übungen solcher Zusammenhänge finden Sie auf den Seiten 91, 97, 105, 114, 128.

Inhalt

Einführung 5

Erster Teil

1

Zähne und Räder 11   Der Hampelmann hängt an der Wand
11   Ein Serienunfall und eine Müllkette 12   Flaschen sind nicht
immer grün 12   Der Platz, die Plätze 13   Ein paar schöne Wörter
13   Pinsel und Farbe 14   Stumme können nicht reden 14   Ding
und Dingerchen 14   Das kann man essen 16   Was passiert beim
Eierrühren? 16

2

Der Kreis ist rund 17   Weißt du das? 17   Es brennt und brennt und
brennt 18   Namen, die man verwechseln kann 19   Was der Vorname Berta erzählt 19   Enkel, Enkelkinder oder Kinder von Kindern
20   Das gehört zusammen 20   Guten Morgen, guten Abend, gute
Nacht 21   Gesund und krank 21   Was ist ein Park? 22   Die seltsamsten Fische der Welt 22   Wo ist die Mitte? 22   Peru und die
Peruaner 22   Vom Lächeln und Lachen 24   Von der Autogarage
zur Garage 24

3

Mandarinen und Orangen 24   Sprechmaschine (Sag mal Messer)
25   Sprechmaschine (Sag nein) 26   Wo ist die Mami?
26   Warum? 27   Von der Autobahn und der Eisenbahn 28   Was
kosten die Waren? 28   Alles Geld in die Kasse 28   Haut und
Häute 28   Die Verwandlung eines Menschen 30   Wer kann ge-

hen? 30   Städte und Städter 31   Die Miete wird mit Geld bezahlt
31

4

Woher die Elefanten kommen 31   Eine schöne Geschichte
32   Der Kabeljau ist kein Kabel 33   Die Geschichte von: Es war
einmal 33   Da fehlt etwas 33   Wer hat O-Beine? 34   Gibt es
lange Finger? 34   Nicht jeder Kran ist ein Baukran 34   Der Hund
36   Neues vom Mond 36   Neues von der Sonne 36

5

Ein kleiner Schimpfwettkampf 37   Kannst du schimpfen?
37   Prahlhänse 38   Meine Hundesprache 38   Schimpfen 40

6

Große und kleine Käfer 40   Gefangen, Gefängnis, Gefangener
40   Die Geschichte vom Kanalkrokodil 41   Gibt es Gespenster?
41   Der Hund bellt, bellt der Hund? 42   Ottern sind Schlangen
42   Wo es Eis gibt 43   Wo es Affen gibt und wer Affe sagt 43   So
ein komischer Kopf 43   Die Geschichte vom Löwen und dem Ballon oder Hier ist alles durcheinander 44   Von der Vorderseite und
von der Rückseite 46   Allerlei Gelb 46   Kranke essen Diät
46   Was alles dunkel sein kann 47

7

Wie groß ist der Magen? 47   Wie gefährlich die Bakterien sind
47   Kennst du die Eigenschaften? 48 Vanille ist ein Gewürz
48   Was tust du in diesem Fall? 49   Würfel sind Würfel 50   Leere
und gefüllte Flaschen 50   Alles ist trocken 52   Der Kamm, die

Kämme 52   Die Felsen sind sehr groß 52   Von Luzern und den
Luzernern 53

8

Der dicke Po und der lange Po 53   Wer darf an Haltestellen halten?
54   Weißt du den Unterschied? 54   Große Dinge und kleine Dinge
55   Kannst du schon «und» sagen? 56   Von Holland und den
Holländern 56   Die Geschichte von der Raupe 58   Seltsame Rei-
sen 58   Große und kleine Ballone 59   Traben und galoppieren
59   Der Ball und die Bälle 59

9

Wir machen etwas kaputt 60   Nicht ganz kaputt, das ist defekt
60   Gefällt dir das? 61   Saft ist Saft 62   Wer kann zaubern?
62   Wohin mit dem Müll? 62   Tabak brennt und stinkt 64   Wer
trägt Masken? 64   Vielerlei Birnen 64

10

Der Hund und die Familie 65   Wieviel Schalen hat die Zwiebel?
66   Frage und Antwort 66   Ein Rätsel 67   Der Arzt fragt einen
Kranken 67   Was man lernen kann, muß oder soll 68   Noch ein
Rätsel 69   Tomaten, Tomaten 69   Tempo 100, das ist sehr schnell
69   Xaver schreibt man mit X 70   Was ist ein Saal? 70   Wo
wächst Obst? 70   Von Rot bis Lila ist alles rot 72   Was ist Luxus?
72   Nicht nur die Fliegen sind Insekten 72   Von der Milch zum
Quark 73   Von der Zwiebel über den Garten auf den Tisch zur
Suppe 73

Zweiter Teil

11

Warum der Fingerhut kein Hut ist 74   Wer kann Sätze reparieren?
74   Wieviel sind ein paar? 75   Kennst du das? 76   Sind Geräte
Apparate? 76   Glas, Steine und Sterne 77   Was wäre, wenn...?
78   Das Radio und der Ozeanriese 78   Es ist, weil... 78   Korn
und Körner 78 Das Schneckentempo und die Schnecke
80   Schläuche sind immer elastisch 80   Klinik und Krankenhaus
80   Was ist Ebbe? 81   Ein Zettel Papier 81

12

Wer ist der Druckfehlerteufel? 82   Niemand und jemand
82   Kind, Frau und Mann 83   Ist das so? 83   Ein großes O
84   Was ist Kupfer? 84   Ist Grau eine Farbe? 85   Die Mosel fließt
von links in den Rhein 85   Der Main fließt bei Mainz in den Rhein
86   Wo liegt die Normandie? 86   Was ist ein Körper? 86   Fall
und Unfall 88   Viele Wörter sind noch kein Text 88

13

Bonbon kann man übersetzen 88   Zibebe ist süddeutsch 89   Schöne
Farben 89   Was die Farben erzählen 90   Alles ist verkehrt. Ist alles
verkehrt? 91   Wie viele «zu» gibt es? 91   Auf Fragen muß man
eine Antwort geben 92   Was es gibt und was fehlt 92   Was man
lernen muß 93   Wie sie heißen und wer sie sind 94   Strecken ist
nicht verlängern 94   Kleine Wortsammlung 96   Wer «zwar» sagt,
muß auch «aber» sagen 96   Der Arm umarmt 96   Was man streu-
en kann 97   Schielen ist sehen 97

14

Komische Sachen und komische Leute 98 Sieben Figuren 98 Gibt es schiefe Figuren? 99 Was der Kopf alles kann 100 Kannst du dir das zusammenreimen? 101 Was ist eine Felge? 101 Mißverständnisse 102 Die Stiefel auf der Wiese 102 Allerlei Dunst 102 Enten können schwimmen und fliegen 104 Das schöne Ypsilon 104 Vom Knopf zum Reißverschluß 104 Wann kann man «einige» sagen? 105

15

Ich und du, er und ich, sie und er 105 Petra hat Streit mit ihrer Mutter 106 Eltern und Kinder 106 Von eins bis drei 107 Plaudern und reden 107 Wer ist wer? 108 Alles schön der Reihe nach 108 Wo zwei sind, ist etwas dazwischen 110 Was weißt du von diesen Leuten? 110 Eins hängt am andern 111 Erzfaul, Eisenerz 111 Rätsel 112 Wortketten 112 Wie die Wörter größer werden 113 Was die Namen erzählen 114 Mit und gegen 114 Ist Plunder Müll? 116

16

Lügen haben kurze Beine 116 Wie sie lügen und angeben 116 Das stimmt ja nicht 117 Ist alles in Ordnung? 118 Das ist falsch 119 Das ist nicht falsch 119 Warum man Fähren braucht 119 Fragen und Antworten 120 Wenn man über die Schwäbische Alb fährt 120 Wer ist verrückt? 122 Von zweierlei Federn 122 Was ist dahinter? 123 Meter 123

17

Zwei Geschichten von demselben Mann 124 Ampelampel 125 Und wenn und wenn und wenn 125 Die Geschichte, die zwei

Steine einander erzählen 126   Ein Tintenfisch, der Belemnit genannt wird 126   Was man gleichzeitig tun kann 127   Eine Geschichte, die zweimal erzählt wird. Welches ist die richtige? 128   Eine Geschichte, in der fast nichts passiert 129   Ein Spiel, das nicht gespielt wird: das Beispiel 129   Hier ist ein Wort manchmal zuviel 130   Was wird in dieser Geschichte erzählt? 130   Die Hauptsache und die Nebensache 131   Was ist blutig an den Blutorangen? 132   Sind das Äpfel? 132   Wie wird aus einem Rechteck ein Quadrat? 132   Mogeln und betrügen 133   Beispiele für «niemand» 133   Wie man naß werden kann 134   Was ist zwischen Himmel und Erde? 134   Wieviel Arten von Antennen gibt es? 136   Heute und morgen, Morgen und Abend 136

18

Hunger kann nicht reden 136   Da fehlt etwas 137   Stadt und City ist nicht dasselbe 137   Alles schön der Reihe nach 138   Einer nach dem andern 138   Die Geschichte des roten Autos 138   Wenn die Tür verschlossen ist 139   Was geschieht, wenn...? 140   Rätsel 140   Die Fische in der Tiefkühltruhe 141   Wie es in einer Oase aussieht 142   Das Auto erzählt 142   Seenot, Hungersnot und andere Not 143   Wie die Zahlen aussehen 144 · Die Familie 144   Maul und Mund 146

19

Nicht alle Zylinder sind schwarz 146   Gehört das alles auf den Tisch? 147   Die Krim ist keine Insel 147   Was ist Alabastergips? 148   Es gibt Männer und Frauen 148   Was ist ein Tisch? 148   Was hast du vor? 149   Wo es überall Zellen gibt 149   Melodien kann man singen 150   Was alles voll sein kann 150   Quitten und Äpfel 150   Was alles leer sein kann 151   Wie Halbedelsteine genannt werden 151   Wie man auf Stein schreibt 152   Pfeffer-

körner kann man mahlen 152   Verneinungen ohne Nein 152   Wie
viele Blau kennst du? 154   Oben und unten 154

20

Wer hat etwas? 155 Die Katze und der Spielzeugkran 156   Warum
ist das Fenster kaputt? 156   Wo es Ecken gibt 157   Wie ist es in der
Schweiz? 158   Was die Namen verschweigen 159   Allerlei Geld
und wie es genannt wird 159   Beim Gärtner 160   Gibt es das?
160   Wer kennt Zypressen? 161   Das verschleppte Fahrrad und
das verlorene Messer 161   Die Geschichte von den Rädern auf der
Straße 162   Das alles ist im Klo 162   Zwiegespräch 164   Alte
und neue Lampen 164   Wenn es Abend wird 164   Die Spirale hat
keinen Anfang und kein Ende 165   Der Baum 165

Nachwort 167

Didaktisches Register für die Auswahl bestimmter Sprachübungen
177

Erwachsene als Leser von Kinderbüchern 185

Erwachsene als Leser von Kinderbüchern

Jedes Buch für Kinder ist auch ein Buch für Erwachsene. Das gilt in einem mehrfachen Sinne. Die Erwachsenen stellen die Bücher her, und bevor sie in irgendeiner Form zu den Kindern kommen, gehen sie durch die Hände der Erwachsenen. Die Bücher müssen gekauft werden, sie werden von den Erwachsenen angelesen, begutachtet und je nach Neugier auch zu Ende gelesen. Die Erwachsenen sind die Zensoren und Multiplikatoren der Kinderbücher. Welche Wirkungen diese Vermittlerrolle nach sich zieht, läßt sich leicht abschätzen. Man kann allerdings nicht behaupten, daß die Rolle des Erwachsenen als Leser von Kinderbüchern festgelegt wäre. Sie variiert stark von Buch zu Buch. Ein Buch mit Sprachspielen zur Sprach- und Denkförderung trifft im erwachsenen Leser auf alle jene Sprachgewohnheiten, die sich normalerweise beim Sprechen mit Kindern einstellen: Es wird etwas erklärt, Geschichten werden erzählt, Fragen gestellt, es wird diskutiert. Solange diese Formen des sprachlichen Umgangs mit Kindern mündlich gepflegt werden, bleibt der Erwachsene in den Dialog verwickelt und ohne Distanz. Demgegenüber hat der Vorleser der Sprachspiele eine Beobachterrolle inne: Er liest die Texte für sich, und er liest sie für Kinder. Der Vorleser kann sein Verständnis mit dem Verständnis der Kinder vergleichen, und er muß die Chance dieses Vergleichs nutzen, indem er mit den Kindern über die Unterschiede des Verstehens spricht. Auf diese Weise läßt sich mit dem Kinderbuch und insbesondere mit diesen Sprachspielen kindliches Sprachverstehen prüfen und mit den Vorurteilen, Konventionen und Normen der nichtkindlichen Sprache vergleichen.

Aus diesem Grunde sind viele Texte sehr viel unmittelbarer auch Sprachspiele für Erwachsene, als die für Kinder bestimmte Fassung sichtbar werden läßt.

Kein Text ist ausschließlich für Erwachsene geschrieben. Er läßt sich jedoch ebensowenig ausschließlich für Kinder schreiben. Das ist ein Vorteil, der leicht übersehen wird. Die sogenannten kindlichen Texte halten das Kind in einer wirklichkeitsfremden Isolierung. Das wirkt sich besonders negativ auf die Förderung der Kindersprache aus. Es ist kein Zufall, daß der Erwachsene der erste Leser der Kinderbücher ist.

Lernprogramme

Georg R. Bach/Laura Torbet
Ich liebe mich – ich hasse mich
Fairness und Offenheit im Umgang
mit sich selbst (7891)

Maren Engelbrecht-Greve/Dietmar Juli
Streßverhalten ändern lernen
Programm zum Abbau psychosomatischer
Krankheitsrisiken (7193)

Wayne W. Dyer
Der wunde Punkt
Die Kunst, nicht unglücklich zu sein.
Zwölf Schritte zur Überwindung der
seelischen Problemzonen (7384)

G. Hennenhofer/K. D. Heil
Angst überwinden
Selbstbefreiung durch Verhaltenstraining
(6939)

Rainer E. Kirsten/Joachim Müller-Schwarz
Gruppentraining
Ein Übungsbuch mit 59 Psycho-Spielen,
Trainingsaufgaben und Tests (6943)

Gerhard Krause
**Positives Denken –
der Weg zum Erfolg**
13 Bausteine für ein erfülltes Leben
(7952)

Walter F. Kugemann
Lerntechniken für Erwachsene
(7123)

Michael P. Nichols
40 werden
Die zweite Lebenshälfte als Chance zur
Veränderung (8425)

Eine
Auswahl

rororo
sachbuch

C 2177/2

Lernprogramme

Eine
Auswahl

Kurt Werner Peukert
Sprachspiele für Kinder
Programm für Sprachförderung in
Vorschule, Kindergarten, Grundschule und
Elternhaus (6919)

Friedemann Schulz v. Thun
Miteinander reden
Störungen und Klärungen. Psychologie
der zwischenmenschlichen
Kommunikation (7489)

L. Schwäbisch/M. Siems
**Anleitung zum sozialen Lernen für
Paare, Gruppen und Erzieher**
Kommunikations- und Verhaltens-
training (6846)

Martin Siems
Dein Körper weiß die Antwort
Focusing als Methode der Selbsterfahrung.
Eine praktische Anleitung (7968)

F. Teegen/A. Grundmann/A. Röhrs
Sich ändern lernen
Anleitung zu Selbsterfahrung und
Verhaltensmodifikation (6931)

Allan Watts
OM
Kreative Meditation
(7882)

Brigitta Wistrand
Dies ist mein Leben
Persönliche Selbstentfaltung und
beruflicher Erfolg (8337)

sachbuch
rororo

C 2177/3 a

Tests

Hans-Jürgen Eysenck
Intelligenztest
(6878)

Peter Lauster
Begabungstests (6844)
Berufstest
Die wichtigsten Entscheidungen im Leben
richtig treffen (6961)

Dr. Michael Nathenson
Teste dein Glück
Gesundheit/Liebe, Ehe und Familie/
Ungewöhnliche Fragen an ungewöhnliche
Menschen (7983)
Teste deine Erfolgschancen
Beruf und Karriere/Können und Lernen/
Dein Welt- und Menschenbild (7984)
Teste deine Persönlichkeit
Dein Charakter/Stress und Ängste/
Du und andere (7985)

Günther H. Ruddies
Testhilfe
Testangst überwinden. Testerfolge erzielen
in Schule, Hochschule, Beruf (7082)

Georg Sieber
Achtung Test
Psychologische Testverfahren – was man
von ihnen erwarten darf (6683)

rororo
SACHBUCH

C 2178/2